Ulrich-Grasnick-Lyrikpreis 2023

Ulrich-Grasnick-Lyrikpreis 2023

Zwischen Himmel und Mut

Herausgegeben von
Almut Armélin und Ulrich Grasnick

Quintus

Liebe Leserinnen und Leser!
Liebe Autorinnen und Autoren!

Gedichte sind Haltesignale gegen die verfließende Zeit. Alles in und mit ihnen Beginnende ist freilich tastend. Den Mut zu solcherart Anfang immer wieder neu aufzubringen erlebe ich als Segen für unser Miteinander, für das Zusammenstehen. Es bedeutet im Ideal-, ja auch Ernstfall ein kleines Stück Himmel, in dem wir uns für den kurzen Moment der Eingebung und den Schaffensprozess geborgen und für den vielleicht noch kürzeren Moment der Lektüre widergespiegelt sehen dürfen.

„Zwischen Himmel und Mut" stellten sich die Teilnehmenden am diesjährigen Ulrich-Grasnick-Lyrikpreis. Sie waren eingeladen, sich mit den beiden im Thema genannten Polen kreativ auseinanderzusetzen, sie als Antipoden zu fassen und miteinander in Einklang zu bringen. Es galt, Lebenszwischenraum und das innerhalb der Begrenzungen stattfindende Leben selbst zu beschreiben, Realitäten zu verrücken und Sperren im Kopf zu benennen. Das Gesamtergebnis verdeutlicht, um mit Aristoteles zu sprechen: „Wir können den Wind nicht ändern, aber die Segel anders setzen." Ich habe es in meinem Gedicht „Leben" so formuliert: „… und der winzige Fisch, / den du fängst, / ist Grund genug, / noch einmal / auszuwerfen das Netz."

301 Autorinnen und Autoren fühlten sich durch dieses Motto ermuntert, soziales und kulturelles Verhalten, seine

Veränderungen, seine Verwerfungen und Neuausrichtungen in den Blick zu nehmen und poetisch in Sprache zu fassen. Ihre eingereichten Gedichte zeugen von entsprechenden Beobachtungen und Selbsterfahrungen, von Fremdheit und Suche, von Varianten, ein Pendant aufzuspüren oder leer auszugehen.

Der Jury des Ulrich-Grasnick-Lyrikpreises 2023 gehörten an: York Freitag (Vorsitz), Leonie Köhler, Bianca Körner, Katharina Körting, Michael Manzek und Dr. Martin A. Völker.

Die von ihnen ermittelten Gewinner sind:

Dietrich Machmer (1. Preis)
Nicola Quaß (2. Preis)

Darüber hinaus wurden folgende Autorinnen und Autoren für den diesjährigen Lyrikpreis nominiert:

Friederike Haerter
Johanna Hansen
Philipp Létranger
Ulrike Loos
Eline Menke
Kathrin Niemela
Dirk Tilsner

Vielfalt und Vielgestaltigkeit der Lyrik ist an sich schon ein Wert. Konnte auch in dieser Anthologie wieder nur eine kleine Auswahl der insgesamt 602 mir zugesandten Gedichte ihren Platz finden, so weist sie dennoch auf die große Breite der Empfindungen wie Staunen und Ungewissheit, Leidenschaft und Ratlosigkeit, Zuversicht und Erschütterung angesichts eines weltweit immer ruheloseren Lebens hin.

Allen Autorinnen und Autoren, die sich an der Ausschreibung beteiligt haben, danke ich für ihre bereichernden Beiträge.

Ich gratuliere den nominierten Autorinnen und Autoren sowie den beiden neuen Trägern des von mir im siebten Jahrgang ausgelobten Preises.

Ulrich Grasnick

Die Preisträger

1. Preis

Dietrich Machmer
Aus Liebe zum Verschwinden

Mir genügt die Gesellschaft der Wellen.
Ich strecke meine Hand nach ihnen aus,
und grüße die verwässerten Gedanken.

Spiele aus Liebe zum Verschwinden,
dass ich meine nackte Haut als Segel setze,
und kreuze ins helle Staunen der Sonne.

Wellen, die gegen die Laufrichtung
brechen, meine Atemzüge
spalten, meine Zunge immer zart am Wind.

Stärke und Tiefe gegeneinander ausspielen,
ohne Steuer, einfach treiben lassen,
und in Ferne still zerfließen.

Der Himmel ist nur ein Märchen,
das sich die Ratten erzählen, und das Land
eine Erfindung der Bordkatze

Zum prämierten Gedicht „Aus Liebe zum Verschwinden" von Dietrich Machmer

York Freitag

Es gehört Mut zu der – auch sprachlichen – Schlichtheit des Einstiegspostulats: dass sich das lyrische Ich mit der „Gesellschaft der Wellen" bescheide. Indes zu welchem Zweck? Um „in Ferne still [zu] zerfließen", so lautet es später im Text, „zum Verschwinden", wie es der Titel nahelegt? Wäre dem so, könnte Dietrich Machmers Gedicht getrost unmittelbar enden, sich vielleicht noch unter „verwässerten Gedanken" in einer Galerie populärer Varianten des poetischen Bilds selbst genügen.

„Aus Liebe zum Verschwinden" kommt weniger eingängig daher, als es, auf der textlich glatten Oberfläche der gedrängten Komposition, die fünf geschlossenen Dreizeiler zunächst vermuten lassen. Mit ihr korrespondiert, auf metaphorischer Ebene, das gleichmäßige – nicht gleichförmige! – Auf- und Wiederabtauchen, das wellenartig Alternierende, das sich gegenseitige Bedingen ineinanderfließenden Körper- und Seefahrtvokabulars.

Dies rührt an das philosophische Konzept vom Denken des Körpers eines Spinoza, 300 Jahre nach ihm durch Lévinas, Merleau-Ponty und Nancy weiterentwickelt. Ihnen gelte, wie Elisabeth Miedl in einer Arbeit zusammenschauend darlegt, die Auslegung des Körpers durch die Wissenschaften als von Grund auf unzulänglich, insofern könne, ja müsse der Körper auf vielfältige Weisen gedacht werden.

Eine dieser Weisen bietet Dietrich Machmer mit seiner Verschränkung der Körper- mit Seefahrtmetaphern an. Es gehört ein gewisses Entäußerungsverständnis dazu, „dass ich meine nackte Haut als Segel setze", „meine Zunge immer zart am Wind". Eine Entäußerung, keine Selbstaufgabe! Denn Identifikation findet statt bis hinter den Horizont: „und kreuze ins helle Staunen der Sonne".

Das ist, im Grunde nihilistischerweise, „Liebe zum Verschwinden" in Reinform. Diese beruht mit auf der Einsicht latenten Kontrollverlusts: „ohne Steuer, einfach treiben lassen", was auf ein Vagheitspotenzial deutet, das in den Eigenschaften des Flüssigen selbst begründet liegt: es lässt sich nicht fest- und nicht aufhalten; in Form großflächiger und, je nach Schwimmort, uferlos anmutender Gewässer impliziert es die Gefahr des Versinkens und Ertrinkens, des Zerfalls und Körperverlusts. Das kaum greifbare Element Wasser birgt Kräfte, die das Ich, seine Intentionen, Triebe und Sichten, in Frage stellen: „Wellen, die gegen die Laufrichtung / brechen", laufen dem gesteckten Kurs zuwider; dass sie noch „meine Atemzüge / spalten", gemahnt an jene Dimension des Unfasslichen, die in den das Feste und Fließende überspannenden Lüften mit ihren ursächlichen Winden kulminiert.

Es verwundert nicht, dass dies mit der Unschärfe der „verwässerten Gedanken" einhergeht, die andererseits eine Seinsfreiheit zeitigen, die mit Aufweichung sinnstiftend umzugehen weiß. Die Schutzlosigkeit der „nackte[n] Haut", dieses aufgespannten Sinnesorgans, das, um zu gelten und seiner Rettung halber des Kontakts mit Welt bedarf, der Berührung durch Wind und windbewegte Woge - der zweckhaften „Spiele" -, steht wider die Erfahrung „Stärke und Tiefe". Dass das subjektloser werdende Ich diese „gegeneinander ausspielen" kann oder lässt, verweist auf seine zwar bereits körperlose, aber weiterhin und weithin agierende Existenz.

Selbst dann noch stünde es nur mehr auf dem Posten einer auf Überflüssigkeit hinauslaufenden „Ferne". Was bleibt, so teilt es ja mit, ist „Der Himmel", wenn auch „nur [als] ein Märchen, / das sich die Ratten erzählen", samt dem „Land", dieser „Erfindung der Bordkatze". Das Ich, so scheint es, verlagert sich selbst ins Reich des Irrealen.

Dietrich Machmers Text irisiert, sich die Welt unwägbarer Wasser als Refugium kürend, zwischen Entrücktheit und Urvertrauen; die Jury gratuliert zu der himmels- und landfernen, zu der mutnahen Umsetzung des Wettbewerbsthemas.

2. Preis

Nicola Quaß

Es war nicht sicher,
ob ich in euch vorkam.
Ich hatte mich noch schnell

in euer Haar gestreut,
ohne Anspruch auf Entdeckung.
Die Sonne schwieg

unter unseren Schritten.
Euer Lachen verhallte im Wald.
Wir zählten die Bäume

bis zu den Stunden, der Abdruck
eurer Füße, eingraviert in Schnee.
In euren Augen blieb ich

unsichtbar. Vergeblich tastete ich
eure Gespräche ab, und fand nur
ein Schweigen, an das ich mich band.

Mein Schatten hatte die Länge
von Blicken erreicht, unter denen wir
wie Fremde waren. Nichts, das mir

Mut machte. Ich zitterte, alterte viel.
Zwischen euren Worten erreichte mich
die Trauer aller ungeborenen Dichter.

Die Gänse am Weiher. Der sich ans Auge
schmiegende Wind. Meine Lust zu verschwinden.
Mich unter eure Wimpern zu schieben wie ein

ungezogenes Kind. Ich sah euch noch lange
in den Himmel gucken, später

Zum prämierten Gedicht „Es war nicht sicher …"
von Nicola Quaß
York Freitag

„Es war nicht sicher" – damit beginnt Nicola Quaß ihr Gedicht, einem in die erste Strophe integrierten Titel, der mit dem sich hieran anknüpfenden Nachdenken darüber, „ob ich in euch vorkam", den Grundton vorgibt: Haltsuche, Abgrenzung, Redestau. Dabei „ohne Anspruch auf Entdeckung". Dies macht einen Bogen auf, der sich spannt bis zum unmissverständlichen „Meine Lust zu verschwinden".

Darunter rangiert der Monolog des lyrischen Ich an ein Ihr, dessen Identität amorph, das Masse bleibt: „Ich hatte mich noch schnell // in euer Haar gestreut". Im Verlauf seiner unerwidert bleibenden Ansprache erweist sich dieses Ich als ambivalent genug, um deutlich werden zu lassen: dass es, sofern es nicht zu entschweben trachtet, doch zu entschweben droht. Dabei greift es nach einer Realität, die sich als unerlebbar entpuppt: „Vergeblich tastete ich / eure Gespräche ab, und fand nur / ein Schweigen, an das ich mich band."

Was solchem Bestellfeld beherrschter Haltlosigkeit eignet, ist das Forschen. Das Forschen nach den Namenlosen in einem Dschungel, der es, das Ich, umschlingt und mit Bedingungen aufwartet, deren Sinn es nicht entschlüsselt; selbst „Euer Lachen verhallte im Wald". Es ist ein Forschen nach dem Seinsgrund, nach sich selbst als Teil einer nebulösen Gemeinschaft, die vage als „wir" auftritt: „Die Sonne schwieg // unter *unseren* Schritten"; „Mein Schatten hatte die Länge / von Blicken erreicht, unter denen *wir* / wie Fremde waren." Verständigung scheitert, selbst nonverbale Techniken: „In euren Augen blieb ich // unsichtbar." Der Versuch, sich gemein zu machen, führt zu „Nichts, das mir // Mut machte". Das Projekt „wir" bleibt gleichwohl unwiderrufen; es lebt nach in der Sehnsucht nach Rückhalt, die – eine Überlappung lyrisches Ich/Autorin vorausgesetzt

– eine auch selbstbezügliche ist: „Zwischen euren Worten erreichte mich / die Trauer aller ungeborenen Dichter."

Hier scheint eine Art Toleranz der Entfremdung in aller zur Verfügung stehenden Inkonsequenz irrational auf die Spitze getrieben: Mentale Kommunikation trifft Prinzip Einseitigkeit und wird bis in die Sphäre unausschöpfbarer Möglichkeiten angestrengt. Der Verzicht auf Zwieworte, geschickt in melodiöse Sprache gefasst und mit poetischen Bildern gehöht, die von einem sicheren dichterischen Stil künden, erschüttert auch angesichts des wertfreien Stoizismus: „Ich zitterte, alterte viel."

Fast tröstlich wirken da „Die Gänse am Weiher. Der sich ans Auge / schmiegende Wind", „der Abdruck / eurer Füße, eingraviert in Schnee". Die Bildsprache elektrisiert ob ihrer Milde und der Absenz von Glanzeffekten. Sie ist dabei kunstvoll genug, um mit Pawlowschen Assoziationen spielerisch umzugehen und tradierte Zuschreibungen aufzubrechen, sie ihrer Bedeutungs- und Deutungsklischees zu entheben. Es bleibt dem Rezipienten anheimgestellt, neu zu ordnen, neu zuzuordnen, Deutungsreflexe umzutrainieren.

Das latent Narrative des als Rückblick angelegten Gedichts kulminiert in der heiteren Pointe: „Ich sah euch noch lange / in den Himmel gucken, später." Will heißen: auf der Suche nach dem Sonderling Ich, das im Kontext Masse seiner Individualität lebt und dennoch aufmüpfig Anschluss erheischt; das über alles Scheitern, „in euch" anzukommen, triumphiert, beglückt, sich enthoben zu haben, entschwebt zu sein – zu sich. Das Unaufgeregte, die Logik, der Sinn dieser Wendung wird glaubhaft auch durch die enjambementhaltig offene Komposition, die folgerichtig in die feine Ironie des Schlusswinks mündet.

Nicola Quaß bietet eine Lösung, nach der sich in sozialen Dschungelsituationen leben ließe. Das Rezept ist „ein / ungezogenes Kind": das Mutwesen, das sich ab-, aber nicht ausgrenzt, sich den Himmel greifbar macht und uns anvertraut, wie. Überwältigt sagen wir danke.

Weitere Wettbewerbsbeiträge

Anne Abelein
Dennoch

Gestern hat Sturm
im Blätterwald getobt,

hat eins
ums andere
abgerissen, zerknüllt und
verworfen.

Nichts ist geblieben,
nur versprengte Worte.

Lies sie auf
und sammle sie.

Die Eiszeit währt lang.

Daher
zieh los
mit Gefährten Hand in Hand.

Nimm kein Blatt vor den Mund
und lass die Fetzen fliegen!

Esther Ackermann
Fliegender Teppich

Danke dass du mich holst und hinbringst
Du kennst den Weg zum Krankenhaus
Als Kurier der Herzklappen
Und des Kurkuma-Wundschaums

Aber bitte flieg schneller
Es ist Viertel nach spät und Sturm
Die Fiedler fallen vom Dach
Ich lege mich flach solange wir
Noch im Tränental

Lass uns trotzdem noch einmal
Zur Windmaschine über Helsingör fliegen
Und zu den Eulen über Hogwarts

Vor der Diätküche im Krankenhaus
Kannst du dich dann einrollen
Sie schälen den Dampf für mich und
Schließen meiner Suppe die Augen

Ferhat Altan
Das Weizenfeld

Die Sonne schenkte dem alten Mann
salziges Wasser
Aus dem Wasser
ist eine Wasserkugel geworden
Zauber!
Die runden Schweißtropfen
rollten über seine Stirn
ließen sich fallen von seiner alten Haut
landeten auf der trockenen Erde
Der alte Mann schaute auf die Flecken
auf der trockenen Erde
vor seinen Füssen
Zwei kleinen dunklen nassen Flecken
geschenkt von der Sonne
Er schaute in den Himmel
Blickte in die brennende Sonne
Senkte seinen Kopf
Blickte vorne auf das Weizenfeld
Ein gelbes Meer von harmonisch tanzenden Weizenkornstielen
wartete geduldig
auf ihn und auf seine Schweißtropfen
von der Sonne geschenkt
Der alte Mann nahm seine Sichel in die Hand
stand auf
Er machte weiter
Weizen zu ernten
Zikaden sangen …

Anna Arning
am hang

beginne lehmkugeln
zu kneten und sie auf
felsbrocken zu schleudern

gewiss

berührt es die felsen
kaum wenn mein erd
ball an ihnen zerspringt

aber solange

kein wetter sie wäscht
bleiben spuren vom
zornigen versuch berge

zu versetzen

Ulrike Bail

ins abgeschiedene verzogen
beginnen wir bei geöffnetem
fenster flieder zu riechen noch
hängt in die stirn gezogen ein
zungenschlag kehlig und tief
mit ergrünenden händen dimmen
wir unsere abgestandenen körper
ins licht

Melanie Bäreis
Trance

Das Leben
Eine Sinuswelle
Leg mich wieder in die Kurve
Bring mich auf die richtige Bahn
Endlich frei schalten und walten
Ab heute sag ich Goodbye zu allem Alten
Musste mich erst völlig verlieren
Bevor ich wieder wusste, wer ich bin
Spiel jetzt mit offenen Karten
Bin auf dem Weg, es zieht mich irgendwohin
Bin mittendrin, neues Timing, gehe All-In
Denn wer frei sein will, braucht ganz bestimmt mehr
Als nur einen Lottogewinn
Ja, mein Herz schlägt
Seit langer Zeit endlich wieder hohe Wellen
Wäscht mir gehörig den Kopf
Sagt mir immer wieder
Pack die Gelegenheiten beim Schopf

Dennis Bechtel
überall

auf der abgewandten seite ist etwas immer
da | es kann dir aus dem herzen singen | lange genug
harrtest du aus bei der angst, weil dir der himmel
nurmehr infamer weltraum war, ein tag nach dem frühling
auf klangschalen balancierend | dabei sind wir | überall
auch wenn wir nur klein sind | sind wir allererstes licht
ein wagnis unentwegt | hier bewahre ich meine hoffnung
für dich

Andrea Berwing

Sag noch einmal Aussichten wären da. Ansichten. Sichtung.
Eine Ansammlung von Brüchen unter Regenbögen.
Fallen schimmernd. Hinein in den Himmel.
Dort oben und über den Wolken brettert kein Frieden,
harmonisch harren Vögel ihrer Flügel.
Im Amphitheater eine Lichtung.
Noch einmal ein Traum.
Der Mond geht vor den Bergen unter.
Lass mich noch einmal. Ohne Flügel fliegen
Dort hoch oben. Spiegel sich brechen in das Meer hinein.
Ein Pfeil gespannt ohne Bogen
gleichsam blitzschnell um sein Leben.
Atlant. Risiko.
Noch einmal ein Sprung. Innehalten. Gewogen.
Last. Lust.
Im Eiswasser noch einmal eine Zigarette rauchen.
Zitternd die Hand,
die Glut über Schollen trägt.
Dunst. Falsche Fährten.
Signale.
Der Todesengel lässt sich nicht täuschen.
Fata Morgana auf Kante.
Er soll warten.
Keine Zeit,
unglücklich zu sein.
Sie haben es sich.
Bekannt.
Andere Leben.
Götter wollen verzaubert sein.
Ein Lächeln.
Hinter den Hügeln,
da gibt es noch Meer zu sehen

Manuela Bibrach

Claude Monet, Das Atelierboot des Künstlers,
1876, Öl auf Leinwand

Dem Fluss folgen seinen
schattigen Ufern
Äschen Barben Brachsen
lass die Fische wachsen
am Abend die verletzliche Seite
des Mondes berührn
mit den Augen das Mare
Tranquillitatis durchschwimmen
bis zum Morgen der
Lichtpunkte auf den Fluss
legt das Boot leise wiegt wie
ein schlafendes Kind

Helmut Blepp
Frost

Das Eis trägt uns über den Fluss müssen wir gehen
oder unten in seiner Furt stapfend durch den Schlamm
der im Sommer stinkend trocknen wird bei Niedrigwasser
während die weißen Bäuche erstickter Fische die Ufer säumen
doch noch treiben uns die kalten Böen Grind in die Nase
der Atem gefriert uns im Gesicht wie Schneeriesen
wanken wir durch diese Bonsailandschaft aus Krüppelkiefern
und leblosem Gras niedergetrampelt von Verirrten wie uns
einer in der Spur des anderen blau gefroren die Füße
stolpernd nach drüben wo die Feuer brennen von feuchtem Holz
und Rauch schwebt über den Wiesen kein Obdach und
doch begehrtes Ziel wenn das Frösteln nicht enden will
die Schauer im Rhythmus der stechenden Lungen kommen
derweil unsere Tränen im Wind zu Perlen erstarren
einzig verbliebener Schatz der verrinnen wird sobald wir
im Kreis sitzend in die Flammen starren damit
unsere trüben Blicke tauen und sich treffen können über
dieses flackernde Fanal hinweg das ebenso verlockend
wie beängstigend weil endlich ist denn zu gehen tut weh
zu bleiben aber bringt einen Schlaf der sanft tötet nachdem
die Scheiter eingestürzt und die letzten Funken verweht sind
noch bevor der erste Sonnenstrahl und gemeinsam heimführt

Michael Georg Bregel

wir sollten turmuhren bauen
auch an die kleinen häuser
die niederen geschosse
um das jetzt das vergehen
zu uns herunter zu zwingen

in die ebenen
wo sich die topografie
der felder
erst nach der ernte
verbrannt verrät

auf die parkplätze
an den ausgerissenen rändern
wo der jahrmarkt
erst morgen
öffnet

Isabella Breier
**der Fluss wie Blei, die wirklichen Straßen
wie Hinweise auf den Möglichkeitsraum**

in der Szene verhaltenen Schwindels
hab ich den Moment in Goldpapier gewickelt
und dabei mein Gesicht verloren

die nächtliche Schrift hat sich aufgemacht,
wohin genau, das sagt sie nicht

des Morgens ziehen Sterne vorbei,
albern sind sie und grüßen sehr kühl,
bedeuten mir, abzufallen,
gleich einem Blatt,
dessen Laut nichts mehr hält,
sobald der Wind das flirrende Lied
ins simulierte Herbstbild pfeift

Natalia Breininger

Draußen sind Möwen

sie halten
über dem Wasser
das letzte Band
Hoffnung
aus

schmelzendem Weiß

Lars-Arvid Brischke
flüchtige donuts

verpuffte seelen ausgewrungner autos
     den platten reifen unbemerkt entwichen
entziehen sie sich dem verkehr
     mit schwerelosigkeit & ohne einen laut

von helium erfüllt ist ihre haut
     verspiegelt mit dem fünften element
entfernen sie sich von der unfallstelle

bewegen sie sich quacksalbernd im raum-
     anzug der zukunftsträchtig scheint
sich noch in sicherheit zu wissen & zu wiegen

steigen sie auf – bis unter die decke
     um sich dort anzusammeln
wo es von silberlingen nur so wimmelt

     gnadenlose nullen
     denen 1 fehlt

unabsehbare zersiedelung des himmels
     besiegelung durch klumpenbildung
dass sie glänzen können

die wegwerfenden gesten der gesellschaft
     gift das in die sphären sickert
bis sie besudelt sind gespickt mit glück

das nur zum nächsten glücksspiel reicht:
     es reichert an die milchstraße
der aufgebohrten toten
        monde unsrer zivilisation

Johannes Bruckmann
Schweben

Die Welt
Von Glühwürmchen
Besiedelt
Sprache
Verlernen
Zeit
Entlarven

Wirkungen, die
Vor Ursachen flüchten
Menschen, die
Zu klein sind
Für Strafen

Von hier oben
Ist der Stein
Nur ein Stein
Ist der Untergang
Zwingend

Sascha Bunge
Ophelia 1963

Poetische Inspektion

Kalter Herbst: Ich steh allein
(nicht am Schildhorn, nicht in Gatow)
– südwärts läuft die Havel –
auf der Pfaueninsel Spitze. Dieser Fluss
ist eine oft benutzte Fahrkarte (man schwimmt hier
nach Osten, will man nach Westen), der Himmel
ein leergelaubter Waldweg, auf dem
Sterne kreisen. Sieh auf die andre Seite,
wo ein Riesenvogel seine Schwünge schlägt,
wo Wind im Schilf steht,
wo Aale, Ratten, übersatt von Menschenfleisch,
im Weidenschlamm das Ufer und den Grenzzaun unterhöhlen.
Stoj Dewuschka, die Hände hoch! Es hilft jetzt nicht zu schreien.
Wer hier stirbt, stirbt für immer.

Ophelia schlägt beim Schlittschuhlaufen auf das Eis,
ihr Kopf ins Loch als halbgenutzter Mond
(ich sterbe, ich sterbe, ich weiß, ich verderbe,
du schöne mitleidlose Jugend).
Und vom Sound der Granaten (aus Osten)
erzähl ich den Fischen.
Und von dem ganz großen Beat, der tief in mir wohnt.
(Was ich jetzt brauche, ist Flitter auf hohem Niveau.)
Und im Frühjahr will ich Gänse zählen.
Wisst ihr noch:
Zehntausend Meilen geflügelter Schnee

Mateu Carreras
Wolkenbruch

Im Geäst der Dachantennen
aschentrunkne Schleier hängen
Schaudern übers Himmelszelt

Schrei gerinnt durch Leidensmünder
fleh'nde erdgebundnen Sünder
Fragen als der Himmel grollt:
Wo bist du - Apoll?

Subito!
Der Dunst bricht ein
ein Hall im Walde aus Zement
Ein Strahl bricht durch das Himmelsheer
reißt entzwei das Rauchgebälk

Die Köpfe Richtung Himmel schelln
so rufen sie wie Kinder, stolz:
Gedankt sei dir – Apoll!

Philine Conrad
festung

manchmal
will ich eine festung bauen
und mich noch fester in den felsen hauen
um stärker und stabiler zu denken
die offenheit gegen das fremde nicht weiter zu senken
weniger zu fühlen und weniger zu lenken
einfach zu leben und mit geben zu schenken.
einfach leben, und mich nicht für andere verrenken.

ich richte mich auf
und werde gedisst
bleibt standhaft und stark
mit der fahne gehisst

ich baue eine festung
fühle mich sicher und frei
dabei vergesse ich:
hinter mauern hört man keinen schrei.

wer bist du, was weiß ich von dir?
wer bin ich, was weißt du von mir?
was weiß ich von mir, was du bist,
wenn ich all das bin, was ihr anderen disst.

und was weißt du von dem, was wir beide sind,
wenn du in deiner eigenen Festung stehst
und ebenfalls eine fahne hisst

Steffen M. Diebold
Tanz der Stare

Dies Schauspiel lässt sich kaum mit Blicken greifen:
die schwarzen Fahnen, die wir flattern sehen
und die als Sicheln durch den Äther mähen,
die Schwärme, die an fernen Wolken streifen,

sind wie die Blätter, die im Aufwind wehen,
wie Drähte, in den Horizont gespannt,
sie fliehen mit den Blicken über Land
und lassen uns zurück – und staunend stehen

Monika Dietrich
eurosiden

eine krümmungsbewegung zwischen
zwei punkten
bewimperte momente
und fädige prozesse
streckbetrieb um zu bleiben
am anfang kein ende
abzusehen borstig
nackt noch halbsträucher
vollführen wir sonnengrüße
und regentänze verlaufen uns wie
tropfen auf heißen steinen straucheln
fühlgelenkig
auf ledrigen gründen
saugen die erschütterungen in uns auf
spüren warme ängste der berührung
fiederwesen gleich
die ihre flauschigen
blüten verbergen in
nächtlicher schlafstellung
suchende nach
der zweiten ordnung
der zugehörigkeit

Christian Dörr
Der Park Buttes Chaumont

Die Winterlinge lugen aus dem Schnee
warten auf die neue Spielzeit der Philharmonie
wissen nichts vom alten Klatsch giftiger als Efeu

Wer denkt bei diesem gelben Teppich schon
an den Staub der Gipsminen und den Gestank
der Abdeckereien und Müllhalden

Das Ingenium des Gartenbaus versetzt
seit der Weltausstellung von 1867
ganze Berge
und vermittelt noch heute
die verführerische Idee
dass hoch oben über den Baumriesen
auf einer Insel mit Monopteros
das Paradies direkt vor uns liegt

Frederik Durczok
Alpschattenschimmer

wenig   dumpf licht gefühl
sollte ja nur ihren
Körper faszinierend
Sinnierte erklärte
… und das Essen

hatte kein Gesicht
blanke hautfarbene
Maske
speiübel
zu zittern stechend
… das Ess sen

schriller Ultraschallton
Mund sperrangelweit
Nein!   Griff nach
dem Licht dumpf (aus dem Bett)

… und kein Gefühl

Dagmar Dusil

Ich sitze am Ufer der Insel
Die es nicht mehr gibt
Werfe die Netze der Erinnerung aus
Gelebtes wird zum Einbrecher
In die Gegenwart
Unser Haus gesprengt
Ein einzelner Ziegelstein
Verfängt sich im Netz
Meiner Gedanken
Die Samen weggeschwemmt
Doch wenn nur ein einziger sprießt
Wird das Gefühl des Betrogen-Worden-Seins
Nicht überleben.
Über uns ein Stück Himmel
Ich werfe alle Geheimnisse ab
Selbstverständlich ist nur die
Gegenwart, ein spießender Samen
Mein wandernder Schatten
Nimmt mich an der Hand

Lena Egerter
Grundlos

Keep   it

sie wollten stillschweigen, wir schreien schweigend.
  macht bröckelt.
    matsch klumpen stürzen in die tiefe
      nur du steckst knietief darin.
          Wir tanzen auf trümmern, die fallen,
              die sie fäl
                      len
              und verlieren
                      den Grund unter den Füßen

In   **the ground**

Wolfgang Endler
TAG 1 2023

Wildgänse in Keilformation
getrieben vom Westwind
von Tiefflieger gekreuzt
überm Winterweizenfeld

wie viele Finger werden
sich spreizen zum
Siegeszeichen
am Jahres-
ende
?

Markus Epha
Die Insel im Kielwasser

Südliche Stunden,
über denen die Sonne
errötet.

Gebrannte Erde.
Verblühte Träume.
Am Duft des Lorbeers
nagen Zikaden.

Im Rücken rauscht
das Meer, im Halbschatten
trinke ich Wein, weiß
wie der Sand unter den Sohlen.

Warte ab.
Bald schon
schleichen die leuchtenden Augen
der Katzen durchs hohe Gras

Felix Erdmann
Wolken

Vor ein paar Tagen gab es einen Regen
der war sehr stark und hielt sehr lange an
und war ganz insgesamt so sehr zugegen
dass bald ein Bach durch unsren Schlosspark rann.

Der war sehr schnell und liebte unsre Eichen
so sehr, dass er gekränkt an ihnen zog
und lange noch mit neu geformten Teichen
aus Eifersucht ihr Spiegelbild verbog.

Im Schlosspark also schwammen plötzlich Enten
und ein erkrankter Reiher ging zur Kur
die Pfützen fassten sich an ihren Händen
und alles war wie eh und je Natur.

Die Menschen aber lagen in den Laken
und blieben trocken, denn sie waren reich
und hörten vor dem Fenster Enten quaken
in Freude über ihren neuen Teich.

Wir aber zogen mit den Winden weiter
um neue Ländereien abzudecken
und fuhren in so manchen Blitzableiter
um die verschlafnen Menschen aufzuwecken

Wolfgang Fehse

Der kleine Engel schwebt über Hagen
Wird herabgeweht, zur Kirche getragen
Verehrt und gezügelt
Begehrt und geprügelt
Und glöckchenklingend ans Kreuz geschlagen

Marko Ferst
Stille und Einkehr

Wojnowo, Kloster der Philipponen

Sandweg zwischen Hügeln zur Anhöhe hinauf
staubige Ektase inmitten von Grün
der Backsteintorbogen, Holztore offen
die Liturgiereform Patriarch Nikons
verbannte sie einst als Aussätzige

Im weiten Land sollten viele Gebetsbücher
bewahrt über Generationen
dem Feuer anheimgegeben werden
doch um welch Marginalien
rangen die Früheren
konsequent Altgläubige:
kein Gebet für den Zar, kein Militärdienst
Staatsfeinde gab es schon damals

Das Gesicht des Mönches eingeschnitzt
in einen alten, toten Baum
Glaube holzgeprägt
leise liturgische Gesänge im Kloster innen
inspirieren zu einem spirituellen Tag
zwei riesige weiße Kachelöfen
sorgten für Winterwärme
mit den Augen der Ikonen Gott schauen lassen
der silberne Kronleuchter
Geschenk von einem, der hoffte auf heiliges Licht
als seine Frau verstarb

Frank Maria Fischer
was glaubst du

glaub nicht was nach diesem grau
klitschnass von kopf bis fuß
alles bedeutet

glaub nicht all deinen träumen
wenn die bilder nur auf dich zeigen
mit honig um den mund

glaub nicht dem lyrischen ich
die singenden geigen sind gekauft
und die sterne unfassbar kalt

glaub nicht dem blauen licht
aus steckdosen fließt nur einsamkeit
die wege zum strand splittern vor glas

glaub nicht was plakate zeigen
sie kleben nur für diese nacht
vor röhrenden hirschen im mondlicht

was du glaubst gehört dir nicht
kein gedanke stirbt allein ohne dich
und was du bist bleibt ein schatten

Der lauf der dinge – sonderbar
winzige geschehnisse – fremd und wirr
fisch und vogel sind nicht mehr.
den menschen wirds angst und bange. auch
du beginnst zu grübeln.
fängst du panik – oder hoffnung?
ist es segen oder fluch? gibt es
grund für pessimismus?
genug des räsonierens!
noch
einmal hochgekrempelt die ärmel
auszuwerfen den anker des seins.
das leben ist schön, ohne
netz und doppelten boden

Zoe Fornoff
In Traumhaft

Alexander Grin
lag auf der Treppe
ein fremdes Geschenk von dir, eines Friedrichshainer
Morgens
der du keine Geschenke machst

doch Kaffee mitbrachtest, während
ich weinte, endlich von diesem
purpurnen Segel umfangen
so wahrhaftig wie lange nicht, noch
damals
am Küchentisch in einer fremden Stadt

Nach Stunden im Museum riefen alle
nach Kaffee, nur sie bleibt und sucht
sucht Goyas Gesicht, Milchschaum
Epiphanie, wird angesichtig
nach Jahrhunderten
der Blindheit aller

was muss sie nur gefühlt haben?
Im Haus meines Großonkels
unter dem epochalen Bild Lenins
– Lenin auf einer Brücke, mit Mütze –
sitze ich, das Kind, und begebe mich
in Traumhaft
an einen Ort hinter diesem

eingerichtet, dabei unbewohnt
ein sich immer erweiternder Raum
so vielen böte er Exil
so viele passten da hinein
sie müssten nur am Bild vorbei
doch jetzt
erkenne ich, es sind ihre Wohnungen

immer wieder sollte ich dort einkehren

gleitend durch diese Räume,
von denen der Großonkel nichts
wissen wollte und ich streiche
mein rotes Segel packe
Goyas Geist ins Portefeuille
und morgen
die Folter, Susan, das Zittern, Siri

lege ich mein Buch auf die Stufen,
kaffeefarben

Clara Francke
Nachtgesang

Die Nacht weint stumme Tränen.
Und ich, ich traue mich nicht
sie schlichtweg anzusehen,
ihr sternenkaltes Gesicht,

den wehmutschwarzen Himmel,
ihr schweigendes Tränenlied,
zu sagen, wie wir uns gleich sind:
zwei im Dunkeln, die man nicht sieht.

Und vielleicht wären wir zusammen
ein gleich viel lauteres Singen.
Und vielleicht würde man uns dann hören,
einen Vogel mit Nacht auf den Schwingen

Stephanie A. Frank
Martinsgans im Gasthaus

Im Gegenlicht
der Theke
im Schatten
der Gans
hinter den Knödeln
im Schein
des Rotkrauts
im Spiegel
der Soße
blitzt
mit jedem Gang der Kellnerin
an der Wand
Disneys süßlich lächelnde Schneewittchen auf –
schwarz auf weiß mit purpurnem aufgebauschtem Rock
hält sie
ihr Maschinengewehr im Anschlag
schreit
in der Sprechblase:
Fight Sexism! & Homophobia!

Mateusz Gawlik

vorüberziehende wolken kleben
in sekundenschnelle an erinnerungen
als wären sie die letzte generation.

anhaltender regen sickert
durch alleinstehende tage
bis zu der kommenden nacht.

bei geschlossenen cafés denke ich
nicht an den lockdown sondern
an den mut in annoncen.

keinerlei bedeutung
hat unser alter
beim sonnenaufgang

Stephanie Gerner
Es ist

Es ist, als hätte jemand leise die Lichter ausgedreht.
Es ist, als wär es dunkel,
obwohl die Sonne scheint.

Es ist,
als würde ich alles gleichzeitig fühln
ohne mich dabei selbst zu spürn.

Und es ist,
als wärs für immer so
und als wenns niemals anders war.

Ich weiß aber,
es war nicht immer so,
vor Kurzem noch,
da ists ganz anders gewesen.

Ich weiß,
dass wir gelacht haben,
denn ich war ja dabei.

Aber es ist,
als wär alles Schöne,
plötzlich hinter Glas,
oder gar hinter einer Eiswand
verbaut.

Es ist,
als wenn ich da auf einmal nicht mehr dran komm,
wie sehr ich es auch versuch.

Aber ein Teil von mir weiß,
ich hab das Ganze schon,
mindestens Millionenmal,
überstanden.

Also lauf ich los
und setz vorsichtig einen Fuß vor den andern.

Erst ists,
als wären meine Beine wie Blei,
ja, es ist,
als zögen sie mich nach unten.

Die Gedanken zerren,
ich hör ihnen nicht zu,
sie kommen und gehn,
ich lass sie passiern.

Es ist,
als würde sich langsam ein Nebel lichten,
ich wage vorsichtig Zuversicht.

Laufe weiter,
atme,
bin,
und kann es fast nicht glauben,
dass ich auf einmal draußen bin.

Es ist,
als würden
Schritt für Schritt
graue Schleier schwinden,
als könnte ich plötzlich *alles*
überwinden.

Es ist,
als würde ich mit meinen nackten Füßen
auf einmal Glas, nicht Eis durchbrechen
und als sähe ich auf einmal wieder klar.

Es ist,
als würde mich der Himmel küssen,
mitten im kalten See.

Ich atme,
ich bin.

Und völlig unverhofft ists,
als würds die Wand,
die mich vom Außen trennt,
auf einmal nicht mehr geben.

Andrea de Ghezzi

Das Leben
verliert
durch die Zeit
die Dichte der Jugend
schleppt sich voran wie ein zu gieriger Wolf
mit einem Bauch voller Lämmer
es strauchelt und schwindet
wenn uns der Alltag verschluckt
denn die Zeit verfliegt
auch wenn
das Leben
stehen
bleibt

Bernd Marcel Gonner
(windstill): les saints nous porteront*

> für Micha
> Berlin: Bahnhof Lichtenberg
> (Januar 2017)

Wir hatten Donuts
zur Hand
Wechselgeld in ein andres Land
das süßer schmecken wollte
als das hier
(zu Füßen)
wir hatten
Kohldampf auf Glück
das in Zügen kommen konnte
außer Fahrplan
wir hatten
die Zuglaufschilder im Blick
wir hatten Worte
die die Richtung beschrieben dorthin
wir hatten Schritte
die uns zum Bahnsteig trugen
die Schellenglöckchen der Ketten
an unsren Halsbändern im Gehör
die den Klingelbeutel füllten
mit Zukurzgekommenem –
k e i n e   A h n u n g   hatten wir
von der langen Leine bis zum Abpfiff

n o c h eine Tüte drehten wir und n o c h eine
um –
Brudermaul, iss dich satt!

*   „Le vent nous portera" (Noir Desiré)

Fiona Grau
tatzenzögerlich, die Wege

I.

Wie der Himmel heute, tatzenzögerlich die Decke zerreißt, der grau-grauen Wochen und Tage, der grau-grauen Jahre und du, ausatmend die Nacht krümeliger Erdreste und Metallverstrebungen, gefährlich gespitzt vor Einbruch des Tages zerstechend und Trennung entweicht aus dem Zwischenraum nun, von Himmel und Tag dir, sich wendend.

II.

Wege im Winter, zwischen Erde aufgewühlt dort und Senfsaat, saftig grün wie Sommer. Auf dem Balkon aber steht, während meine Hände nach Nüssen greifen, meine Mutter, wie sie geduldig füllt die Kübel mit Erde und die Erde mit Pflanzen. Nachts sind sie entwichen, hörten wir und Großmutter hütete Dunkelfelder im Fernseher, Kriegserinnerungen unter jedem beschriebenen Steinchen am Wegrand. So heben sich nun die Blätter der Nussbäume, die letzten, gelb strahlend gegen den Himmel grau. Und während mein Vater im Wohnzimmer träumt noch von Gärten, die er nie gehabt und die trügen, wie die im Schrebergarten meines Großvaters, Bohnen üppig und grün, füllt Mutter weiter geduldig die Kübel und wässert die Rosen, pflückt Blätter ab, gelbe und tote, oder Blüten, verblüht. Ich aber stehe am Wegrand, Wörter sammelnd und schreibe sie neu, damit Großmutter blühende Steine hüte, im kommenden Jahr

Ulf Großmann
lichtbrechend

Hoffnung ein armer Kanten Brot
ein erstarrter Geburtsvorgang
ein verharrender Moment mutwillig

die Welt war nie in Ordnung
und Sehnsucht verlässt dich nie
da nützt auch das Notizbuch nichts

schreib's trotzdem auf und sieh
das Sonnenlicht zu streicheln
als Liebeserklärung

Friederike Haerter
Taumittag vorm Schloss

auf der Wiese schrumpfen
Gestalten aus Schnee
sie taumeln und strecken
uns Stümpfe entgegen
Veteranen eines Winters
der seine letzten Tage zählt

wir spazieren im Park
erzählen um Frohmut
bemüht aus dem Leben
während uns Tauwasser lautlos
in die Krägen tropft und wir hoffen
aufs Schweigen der Berichte
wolln im Reißen der Wolken
das Zeichen einer Wendung sehn

hier treibt es Schwäne zu Paaren
schmilzt der letzte Schnee
während im Osten Geschütze auffahren
diese Gleichzeitigkeit zu ertragen
sprechen wir weiter
und brechen nicht ab nicht den Tod
nur die Sonne im Nacken
stehen wir weiter zusammen am Teich
spannen Sprungtücher Sprache
unsrer Fassungslosigkeit

Carolin Hagelberg
Möhren frisch gegossen

die Kriegerin gedreht

wo der frierende Mohn seine Blätter verlor

nachdem tänzelnd auf der Bühne im Abendrot

man ihr zu Füßen ein pastellfarbenes Einhorn

im Maul unter der Zunge ein samtenes Korn

da ist noch ein Spuckrest drin

die Vase einen deutlichen Sprung rückwärts

Franzbranntwein

flüsternd in einem Gebrauchtwarenladen

das Grüne der Tomate

Stephan Halter
Sicherer Grund

Bin wieder in der Reproduktion und spüre Halt.
Vom Raster ins Raster, die Klinge läuft leicht.
Sah, davon ein Foto, ein Muster – mir ein Bild.
Ruhe durch Vergewisserung, im Vergleich.

Quadrate mäandern, nehmen zu – etwas entsteht.
Verschränkte Arbeitsschritte: schneiden, kreuzen.
Dunkel bleibt, das Helle der Leere preisgegeben.
Anfangs nur im satten Weiß und blassem Grau.

Trotz all der leeren Kästchen bleibt es Annäherung;
ein vager Ausblick auf das fixe Bild in meinem Kopf.
Analoges Pixelgestöber, trotz Distanz weiter unklar.
Jetzt nicht denken! Den Graustufen vertrauen!

Fehler ignorieren, weitere vermeiden – Konzentration.
Finde den Flow und lass Dich ins offene Weiß fallen.
Doch der Druck steigt, das Weiß schwindet und dann...
ist da nur noch Grau und das Bild noch immer fern.

Es passt nicht, hakt, zeigt Lücken, obwohl es müsste.
Keine Komfortzone mehr, die Vorlage: nun trügerisch.
Das Foto ist tabu, die Imagination muss fortan tragen.
Unsicherheit und Wankelmut reichen sich die Hand.

Dreißig, vierzig Stunden bis hierhin? Weiß es nicht.
Aufgeben! Das innere Bild vom Resultat begraben.
Dann der Moment in dem die Logik gebrochen wird.
Ein zittriges Dunkelgrau statt Mittelgrau entfernen

Anspannung. Ein weiterer Vierfach-Schnitt: endgültig.
Das Bild schwankt vom Kopf ins Papier und zurück.
Ein fragwürdiges Quadrat mehr, noch eins, noch eins,
das Bild hält! Strafft sich und wird endlich sichtbar.

Und dann ist da nur noch der Rest, das Ausputzen.
Mein Skalpell schnellt gelöst und frei durch das Papier.
Eine warme Wolke in der Brust, die Wehen der Geburt!
Es ist geschafft – ich habe den Himmel berührt

Dieter Hans
Treue , tja ......

was solls ...
Klinkerbauweise !
Etwa so müsste man sich Sinngebung vorstellen :
DER
erinnert sich an dies ,
DIE
erinnert sich an den ;

Arbeitsteilung , gattungsgeschichtlich !
Jeder hat ein bisschen beizukacheln ;
dicht wird die Bude damit nicht
oder der Kindergarten
oder das Altenheim
oder das Weserstadion .

Treue , tja :
Vielleicht sich selber treu sein ?
Nichts vergessen ,
viel aufschreiben ,
Laborprotokolle ,

viel verzeihen sich und Anderen ,
beileibe aber nichts vergessen ,
,nichts vergessen' wie Trümpfe im Ärmel haben
in diesem Spiel , dem folgend wir
im Regelfall so tun , als gäbe es Regeln .

Tja ,Treue ...

Johanna Hansen
rückblick III

war sechzehn. hatte keine füße für high heels
aber hände wie hornissennester. aus denen
mondscheinsonaten tropften. richtung ende
der welt lag ein hügel. luftlinie fünfzehn minuten
zum gartentor hinaus. packte ich lerchenfedern in
trommelfell. mispeln in die taschen des parkas.
die landschaft. in hechtgrau pappelperlgrau
steckte ich locker weg in ersten fingersatzversen
sprang ich mit abgerollten lakritzschnecken. den
hühnergalgen ums handgelenk. über sturzäcker
zauntritte riedgraskolben. die unerhört knapp
sitzenden jeans vollgekritzelt mit kugelschreiber.
die lauteste stelle war der punkt. wo sirenen beim
probealarm samstags pünktlich zum mittagessen
restbestände aus bunkerluft in den platzangstspleen
heulten. der mich bei tisch jedes mal über blutwurst
mit kartoffelbrei ins väterliche nachkriegsschweigen
trieb. auch jahre danach implodiert darüber die luft
hinterm brustbein reißt der panther. mit dem ich
heimlich umgang pflege. das maul auf bis ins hirn
brennt sein gebrüll sich den weg. nach außen war ich
sweet little sixteen

Christa Issinger
frosttage enden

somerrauschen
das durch die gassen streift
barfuß
in einem weißen leinenkleid
ist zwar aus der mode gekommen
wie wir

aus dem gletscher
springt ein wasserfall
wir wandern über rissige eisfelder
und zuneigung spricht
aus deinen augen

wir haben den sommer überlebt
und den winter verschlafen
aus den lücken kriecht
ein stummes staunen

Jasmina Jarysz
Verwässert

Gestern mäanderte die Pfütze, bildete
Wasserstraßen unter hölzernen Tagträumen,
Ausgehöhlt zum Zweifelkokon
Schlief ich in seinem Fasermeer,
Meine Hände gebunden, ein tragendes Floß,
Bis die Brücke brach.

Ich erwache umspült,
Das Insekt, schon längst ausgeflogen,
Verwehrte es mir den Flug auf seinem Rücken.
Nun ein Sternenbild am nächtlichen Himmel
Als Spiegelung auf meine Iris gebannt
Nährt es sich von Augenlicht.

Gefüllter Magen gebärt die Wolken,
Watteweich an befluteten Lidern blasen sie
Den Sturm in meinen Mund, bis ich die Windrose verschlucke,
Aufgeblüht in Gedärmen nach Süden wächst sie
Laternenlicht entgegen, nur eine Illusion
Der geschwärzten Stadt, die Pfützenwassersüchtige.

Vom Kompass bestochen, richtet mein Rückgrat
Über die Zeit, das Jahr verstößt den Winter,
Bis das Insekt im Wasser als Flügelschlag verwest.
Sternenleichen zwischen Pflastersteinen fixiert,
Bestatte ich sie als Faden neu gewebt
Zum Kokon, die Pfütze in Gläser gefüllt.

Morgen werde ich fliegen – ganz sicher

Christine Kahlau
WARUM?

Warum fühl ich mich oft so, wie
Ihr anderen mich seht?

Oder bin ich eher das, was ich
selbst wahr   nehme von mir?

Wozu ein Leben, welches
so voller Begrenztheiten,
im Innen wie im Außen?

Wer hat etwas von solcher
Art von Lebenskampf?

Wer oder was fragt da in mir?

Wenn ich mich selbst
derart begrenzt empfinde
muss ich die Antwort auch
allein mir selber geben?

Wer fragt, will Antwort wissen
kein Ruhen und statt   dessen
viele weitere Fragen!

Warum nur Schöpfung, willst DU
mich nur so und anders nicht?
Und lässt mich immer, immer
selbe Fehler wieder   holen!

Und schenkst mir trotzdem
diesen und jeden weiteren Tag
so grenzenlos und gütig
geduldig auch, dabei so
herzerfrischend neu

auf das ich weiter werde

WAS ICH BIN ?

Philipp Kampa
Ich aber

Ich aber unterlege diesen Tag mit einem Schwirren.
Ins Schwirren geraten mir, gehen ein:
Das Krachen einer versprungenen, stockenden Fahrrad-
kette.
Das Rucken eines Rollkoffers (über Kopfsteinpflaster ge-
zogen).
Das Scheuern herabgefallener Blätter im Rinnstein (aufzie-
hender Wind in den Straßen)
Und, nicht zuletzt: Das Scheppern des Zauns,
gegen den der Ball flog (am Tor vorbei),
Ich wage es gleich noch einmal.
Ansätze des Tages

Marion Kannen

brücke

rücken
am geländer

dehnt sich
kippt fliegt

ausgebreitet
die arme

heim

Sarah Knausenberger
sisterland goodbye!

unter uns ein großes grünes boot und wir
steuern auf ich – weiß – nicht – was zu -
pack mir die namen ein
unter den grauen köpfen
brauche ich buntes gepäck
ich werde in zimmer 23 wohnen
zum mittagsessen
rollern sie mich in den gemeinschaftsraum
es wird nach graupeneintopf riechen und nach urin
die schwestern stellen ihre alten immer
rücklings zur sonne hin
ich spiele mit, aber nur einen tag
wenn ich mit den augenlidern zucke
kurz – kurz – kurz – lang – lang – lang
wenn meine lippen lautlos die worte formen:
mayday mayday
wenn meine hand sich öffnet und die signalrakete entlässt
schwör mir, dann holst du mich hier raus.
dann steuern wir die pforte an
zögern nur scheinbar bei der dame am empfang
wir nicken höflich, sagen: sisterland, goodbye!
und dann gehn wir hand in hand
zurück durch unser leben
an einen ort, der uns gefällt

Henriette Kramm
LEZTE AGENDA

Augen auf
tretet ins Licht
endlich
jetzt
ein echtes Signal:
Fische Wandervögel Beamte
treffen
sich an der Oder
entdecken
was es heißt
sorglos
frei zu atmen

Julia Kulewatz
Angstblüte

„Gesichter zur Wand",
haben sie gesagt,
leise schneidend,
ein Atem in
meinem Nacken,
eine Befehlskette
um den Hals.

Gesicht an der Wand,
Blick abgeschlossen,
Mund doppelt vernäht,
Erwiderungen beerdigt.
Doch die Angstblüte hat
auf Flucht gedrängt.

Für Rauputz
hat man sich entschieden.
Das Kunststeingemisch
wird sichtbar gemacht:
an mir,
Stirn an Stein,
furchenweise furchtlos,
Beton an guten Tagen.

Um den Obstgarten aber
sind Mauern geblieben,
Steinfrüchte oder
die Härte eines
auferlegten Blickens,
Nichtmehrruhenkönnen
mit dem Rücken zur Wand.

Ich ging als Eine
unter blühenden Bäumen

Christine Langer
Tonlagen

Im Sonnenkreis aus jungem Gras
  Setzt du einen Fuß vor den andern,
    Läßt Rückenschatten los und lauschst.

In Wellen des Winds
  Schreiben sich Lichtmuster frei
    Über Wege und Haut ins Grenzenlose.

Kannst du die Tonlagen eines Augenblicks
  Bestimmen, den Klang von Gegenwind,
    Das Auflehnen von niedergewälztem Gras

Chris Lauer
Manneporte

Über den Klippen wirbelt das Papyrus-
Braun: Sind es Schmetterlinge oder doch
Die Fetzen meines Schreibblocks?
Ich schmunzle. Schon auf Leinwänden

Prüfte Monet, wie viel Abstand das Sehen
Braucht. Hier ist sein Schaffen eine Warnung
Unter bleichen Rillen (wie getöpfert);
Im Wegbrechen noch pflanzt sich die Küste

Fort. *Vous êtes parfaite, Madame!* Ein
Kopfschütteln zerrt an meiner Mütze:
Ob ich mich vor Männern fürchten würde.
Gewiss, hier ist sein Schaffen eine Warnung

Unter bleichen Rillen (wie getöpfert); im
Wegbrechen noch pflanzt sich das Leiden
Fort. In mir ätzt die Schuld am Ende
Unserer Portmanteau-Beziehung;

*Verzeih mir. Ich wusste nicht, dass
Bedeutung in Zwischenräumen reift und
Das Sehen Abstand braucht.* Am Horizont
Segelt die Güte, wie Seerosen versammeln

Sich die Möwen um den Rumpf. Ich
Schmunzle. Schau mal, wie ähneln die Vögel
Doch den Fetzen meines Schreibblocks

Wiete Lenk
La pêche à pied

mit der Ebbe kommen die
Katzen
Gezeitentierchen
morastige Morgenbrocken
Molluscengallert Crevettchen im Maul
Muscheln mit zuckenden Herzhälften
all ihre zweihundert Augen erloschen
im schlammigen Schlick versunken
nasshaarig nun das blaublaue Fell der
Sammetpfötchen
wühlen das Watt auf
der Suche nach Beute bleiben sie treu
wenden den Boden
wenden ihn wieder und wieder
lechzen nach
Weibchen Männchen
terretrische Schnecken zwischen den Zähnen
graben tief bis dass die Flut
sie versinken
ertrinken lässt

& mit der Ebbe kommen die
Katzen
haben neun Leben
in *Finistère*
sagt man
Aufleben von niedergewälztem Gras

Philipp Létranger
worüber es sich lohnt zu schweigen

die stürme will ich nicht leugnen
im herz dieser tage
und den rauhen gesang der metalle
über den feldern
nicht die leere der wörter
in den glänzenden metaphernketten

wenn die messer der verse
ihr handwerk verrichten
stehe ich sprachlos

ich habe den träumen verboten
wörter zu gebrauchen

nur die flügelschläge im aufwind der sonnigen hänge
das flüstern der wälder
den glanz der bäume
lasse ich gelten

vielleicht weht im morgen
ein hauch
von etwas das sich lohnt
zu sagen

Anita Liebi
Witterung eines Satzes im Schlaf

Die Kehllaute hängen noch
Das Denken setzt sich fort
Aufgehört irgendwie kaum
In diesem ikonischen Raum
Ich will den Satz sagen
Doch eine flache Hand
Jedes Mal sich senkt
Mir den Mund versperrt
Der Satz will einfach raus
Nahm dess'n Witterung auf
Wider dies' Handverhalten
Nur nicht den Mund halten
Mir nun aber schwant
Es ist die eig'ne Hand
Mundstück des Schweigens
Das hornt ins Eigene

Ferenc Liebig
Ein stilles Bekenntnis

Ich gab Liebe hinzu,
wie man Salz ins Wasser gibt,
mit Vorsicht, wo ich doch wusste,
manches neigt schnell dazu,
den Geschmack an sich zu reißen.
Wir würden nicht weichgekocht
aneinanderkleben, uns warm
dampfend gegenseitig verschlingen.
Wir würden behutsam darauf achten,
unsere Zungen nicht zu verbrennen.
Denn ich lerne mit jedem Erinnern.
Meine Wunden ins Licht haltend
schwöre ich Besserung

Franz Liebig
Außerhalb

Gestern:
als der Tag in die Nacht abhebt
steht ein Mann mit zwei Beinen
und schwebt
im Zwischenraum

Als Meister der Verkleidung
setzt er sich Masken auf,
lebt unsichtbar
für die Welt am Rand,
wo ihn nur die andren sehen
und alle weitergehen.

Er verstößt die Mitte,
greift zu vier Flaschen Morphin,
schüttelt alles ab,
nur sein Leben nicht.
Den Tod gibts nicht geschenkt.
Solange seine Füße unter diesem Himmel,
entscheide immer noch ich,
sagt jemand.

Wir öffnen unsere Münder
und Worte kommen heraus,
Zuneigung zu gestehen.
Warum nicht früher, fragt er
und nimmt seine Maske ab

Geschützt haben wir uns
und nicht ihn.
Unser Mut war eingeschlossen,
hinter unseren Lippen, wie sein Leben
in den Händen des Morphins.
Schweigen schützt nur den Schweigenden,
nicht den Leidenden.

In die Mitte rücken wir,
während am Rand schon
das nächste Gewitter aufzieht

Roxane Llanque
Atacama

Mein Blut fließt zurück
bis in die älteste Wüste der Welt.
Mein Herz singt im leisen Aymara,
wo die Vergangenheit vor einem liegt,
la camanchaca, die flüchtet bevor ich sie greif.

Das Vergangene in mir
ist gefangen im Regenschatten der Anden.
Dort, diese tanzende Brise
Fata Morgana oder Cholita bailando?
Röcke geschichtet wie sengende Luft,
schwarze Zöpfe auf aguayo wie Blüten.
Ich traute mich nie den bombín zu tragen.
Das Vergangene in mir
ist gefangen im Regenschatten der Anden.
Mein Pachamama Funken
ist ein ruhender Samen der Nebelwüste.
Eines Tages brauen die brodelnden Fragen
und glühenden Augen des Altiplanos
einen Nebel – so mächtig:
Das Vergangene in mir überwindet
den Regenschatten der Anden.

Und ich kehre als Welle zurück
ins Blütenmeer der Atacama

Ulrike Loos
unten

unten hörst du gras wachsen
riechst am moder
vergänglichkeit
erzitterst vorm marschtritt der stiefel

ganz unten fällt alles von oben herab
die krumen auch
abfall und dreck
unten sind weglos die füße im staub

von unten im gras hier so frei
wie das samenkorn keimt
himmelauf
strebt der spross

und das blatt das heranweht
zeigt unten den leib dir
in furchen und adern
strömt licht

Britta Lübbers
Fernrohr

Für Marie T. Martin

Du brauchst einen Himmelsfarn
Der dich hinaufzieht
Du brauchst einen offenen Wolkenshop
Du brauchst einen Grat für den Rücken

Keine Trekkingsandalen, deine Treidelseele
Braucht eine Tonspur, du brauchst
Ein entspiegeltes Fernrohr
Ein Brennglas, um tiefer zu schauen

Siehst du den Märklin-Mann
Der in den Märklin-Zug steigt
Die Fimo-Frau in der Mitte der Gleise
Die winzigen Masters of Universe?

Die ganze Ameisenstadt ist in Bewegung
Geh über Kopf, geh über Los an den Anfang
Du hast den 13. Stock überwunden
Im Flur steht ein zweites Paar Schritte

Dietrich Machmer
Der Himmel unter der Hand

Heute habe ich meine Wut
unter einem Baum begraben, und ihren Namen
in seinen Stamm geritzt: gestern

drang dort das Grün einer verschlossenen
Blüte durchs Laub, kaum mehr
als ein Halm, eine Spur von Licht im Dunkel,

des Waldes Versteck für den Tag,
eine zitternde Leiter zur Sonne. Als ich die Erde
aushob, roch es nach krankem Tier

Karin Macke

Wenn wir alle vorgedrungen sind in die unendlichen
Tiefen des Patriarchats und an die Grenzen des Mach(t)baren
gestoßen sind, werden sich neue,
nie da gewesene Weiten auftun, das Gender – Uni – Versum,
in dem alle Menschen gleichgestellt sein werden.

Olja metkrok apotek
schotel landkort lostrum tull
akter kahut beröring
möte selskat embrulhat

Wir werden eine analoge, experimentelle und subjektive
Sprache sprechen.
Poren und Blutbahnen werden Kommunikationskanäle sein.

Wir werden die eingeklemmten Nervenstränge befreien,
an die Außenseite verlegen und wahre Sinnesräusche erleben!

Wir fordern die Trennung des individuellen Lustgewinns
von arterhaltenden Körpervorgängen!
Für ein Genießen der selbsterzeugten Laute!
Niemand wird mehr erröten müssen!

Es lebe die Bommel- und Troddelsprache!

Natascha Maier
Juni/Juli/August

3.6.2022 looking for the summer 10.6.2022 der Geschmack
von rostigen Nägeln und Eisen auf meiner Zunge – in a good way
15.6.2022 ich falle immer tiefer in mein Glas 4.7.2022 stehe
neben dir und halte mich an einer Flasche sparkling water fest –
San Pellegrino Perlen auf meiner Stirn 10.7.2022 ich bin very
much in love mit niemand 13.7.2022 es war wie tausend kalt
Winter mit dir 28.7.2022 Gedanken aus Watte 12.8.2022 still
looking for the summer

Steffen Marciniak
Nach dir

Greifen meine Finger
Durch das Gitter
An meinem offenen Fenster
Mit Sehnsucht im Blick
Und einem Wimpernhaar im Auge

Nach dir
Dem gelbweißen Schmetterling
Der du zum Himmel flatterst
Und mit Mut wieder zurückkehrst
Bis nahe vor meine Hände
Schwinge ich mein Fangnetz
Zitronenfalter • zum Freisein

Nach dir
Im Kerker meiner fließenden Zeit
Die im Schaudern verrinnt
So dass ich an ihr verzweifeln mag
An Zeit • die du nicht kennst
Richte ich meine Selbsttäuschung her
Wie lang wirst du noch flattern?

Nach dir
Strecke ich meine versengten Flügel
Der ich vielleicht einmal Engel war
Als mein Leib noch so schmal
Wie deiner • das Fliegen genoss
Auch ohne den himmlischen Samen
Mit einem Geliebten zu teilen

Nach dir
Sehnt sich meiner Seele Rausch
Vom Strauch zur bunten Blume
Unterschreiten wir nie die Tiefe
Schwingen hinauf ohne Wanken
Eine winzige Bewegung
Und meine Ketten fallen

Patricia Mathes

zu beginn
war sie ein knick
ein ende
von möglichkeit
einer pflanze gleich
im innenhofmüll
die idee

wir haben sie umgedreht

mit den wurzeln nach oben
fand sie boden
in uns

topf ums hirn
und drei schichten torf
gegen die fragen der welt

haben wir sie wahr gezogen

da steht es nun
unser wir
und blüht

Stephanie Mehnert
himmeln

nur schnell die stunden festbinden
festbinden auch die schatten
dass sie sich nicht strecken können
und die worte zurückstopfen in den mund
der nicht deiner ist

alles festhalten was mut verspricht
den schauer auf der haut
mit den augen das baumgrün im wind festhalten
und mit dem herzen den puls
der nicht meiner ist

schon wirft die zeit ihre falten
in denen wir uns verstecken
dann gleiten wir als andere wieder hinaus

Lukas Meisner
Zuversicht

Wie lange schon suchen wir,
was sich nicht finden lässt?
Wie lange schon fliehen wir,
was kein Jenseits mehr kennt?

Doch sammeln und rufen wir.

Wir sammeln die Jagd ein
in der Höhle des Köchers.
Wir rufen die Wölfe
zum Schutz unsrer Lämmer.

Wir rufen und sammeln uns Zuversicht

Eline Menke
Mit den Schafen

grase ich Träume ab. Suche Kindheit im
Heidekraut.

Der Wind strickt Geschichten aus
Wolle, wickelt Tage ein, die kratzen.
In meiner Erinnerung

knurren Hunde am Rande
der Nacht, halten Gedanken in
Schach. Scherenschleifer

wetzen ihre Worte
am Stahl des Himmels.
Im Funkenflug

flieg ich davon

David Mennekes
Flurwinde

in einem Haus am Fluss werden die Zimmer gelüftet
an den Fenstern hängen Gläser, in die geweint wird
bei Krähenschrei werden sie getrunken
das Salz wird in das Zimmer ohne Fenster geschüttet
behütet von einer Taube, die nichts hört

sobald das Zimmer voll ist, stirbt die Taube:
sie singt ihr Lied und fliegt in den Himmel
Zweige biegen sich über das Ufer
in Blüte gefallen
hängen sie im fliehenden Spiegel
an dem violette Wolken haften

und wenn die Klinke geht
zieht sich die Luft zurück
im Vakuum ist nur das Meer
und die Tage, die hängen
wie Sterne in die Wellen

Guillermo Millán Arana
Grüngebläut

Die Welt ist des Werdens Begriffe:
ein wallender Mond, er verspricht uns
das heimliche Sinken der Schiffe
und modert im grobgelbem Lichtdunst.

In Blau kommt die Nacht aus dem Erdreich,
ein laues Erwachen im Schimmer
des Dunklen: wir liegen im Schleimlaich
des strömenden Lebens. Und immer

vernimmt man im Steine verborgen
Gepresche auf brechenden Wegen,
ein Rennen der Geister am Morgen
im bebend geräuschlosen Regen

der Dämmrung, die Apotheose im blauen
und grünen Schleier des mondenden Milchglas,
durch das wir die Erde ermattet beschauen:
die Wallung geht weiter, wir bleiben ihr Nichtmaß

Mark Monetha
Gebrochenes Zwielicht

Das Licht der Laterne
bricht unter der schmalen Brücke

Auf kleinen Wellentürmchen
die glühenden Sprenkel
getragen von Strömung und dir

Treiben entlang
am gepflasterten Weg
auf dem ein Boot steht
das den Weg findet
hinunter zu dir
vielleicht morgen

Sofie Morin
Paarig

Nie war das Immer
so nah

Gemeinsam duzen wir
ein Erkennen
über Körper hinweg
die sprechen
für uns
Gaben sich Namen
sogar unsre

In einer Wendung
findet sich
ein Ende
lose baumelnd
vom Briefkopf
Verlacht von deiner
bauchigen Zuversicht

Buchstaben als Blütenstaub
trauen sich
und uns alles zu
Erinnern ans zukünftige
Knospen frühmorgens
In Tautropfen ein Zaudern
von keinem Fallen

Zeit hält die Luft an
Synkope

Nicola Mößner

Eine Melodie funkelt,
strahlt eisblau
und drei Oktaven tiefer sommerrot

Sie spielt für uns
und all die toten Vögel,
die verwelkten Rosen
und die Wesen ohne Flügel, ohne Hoffnung

Sie spielt
Tausend auf einen Streich

Sie spielt
Millionen, die nicht schreien durften in der Nacht

Eine Melodie
eisblau und sommerrot

Karl Johann Müller
warum so müd

was nachfolgt
wendet sich dem Gehen zu
in der Entfernung schließen sich
die Augen
was blind sich in die Taschen füllt
bleibt Geheimnis
die Schwester geht nun schwer
sie ist mir Jahre schon voraus
sie hält Kastanien in Händen
ich schälte sie vor Jahren am Allerseelentag
wenn der Neumond mich verdeckt
schmecke ich sie im Mund
die Mauern stehen still
ich höre keinen Ausweg
wenn ich mich bücke
gleich ich einem Maulwurf
der dem Licht entgeht und Worte findet
die Gesprächen auf der Spur sind
obwohl ich nachfühlend Tiefe suche
verschenkt meine Schwester Kastanien
an Bettler ohne Gesicht
die unter Verkaufstischen am Gemüsemarkt
Erbsen zählen
sie sind so müd wie ich
und doch
ich lauf ihr weiter hinterher

Volker Müller
Auf Hiddensee

Früh der Blick aus dem Fenster
In Neuendorf

Ist das die Welt

Struppiges Gras
Kleine weißgetünchte Häuser
Baum, Strauch, Schilf
Stare in der Luft,
Gänse und Kraniche,
Nicht zu zählen

Auf was für Gedanken kommst du

Es reicht vielleicht für alle
Keine Panik
Kann alles noch gut werden

Kathrin Niemela
Eiland

der QR code an der mauer gleicht
dem labyrinth des minotaurus
die fähre ein kasten mit business class
spuckt aus, rauscht ab

nachdem wir athen gelassen haben
bewegt mich, dass mich nicht bewegt, dass
die akropolis seit über tausend jahren –
stattdessen diese katze, kaum wochen alt
das fell schon kahl – wie sie tretelt und
ihr bett auf dir macht
wir nennen sie ariadne

heute ist unser leben lang und
die feige wächst aus dem fenster
oben speit einer sterne, schießt
milchstraßen aus der pistole
unten fliegen oktopoden –
wir machen den himmel auf
fügen uns zusammen –
puzzle aus meer, oregano, katzen

Alexander Nitsche
Ypsilonhäufung

Schon wieder grüngelbgrün, Lindenblüten, wilde Bienen,
Spielwiesen in den Kronen der Bäume, eine oberirdische
Unterwasserwelt, korallenriffartiges Biotop. Fliegende
Fische lauern ihrer Beute auf, pflücken

Kerbtiere aus den Borken. Käfer bohren im Kalk der
Kastanien, (Achtung Mikroskopie) Motten legen Minen,
sprengen Blatt für Blatt vom Geäst. Ein Fressfest
& plötzlich Ypsilonhäufung, Chlorophyll

& Zellulose, dynamisches Myzel, zum Angriff bereites
Pilzgeflecht. Wo gelebt wird gestorben, heldenhaft
fast in der Brandung eines Wintersturms. Windbruch.
Nur Mut zur Lücke, ein Wald ist dreidimensional

& das Licht immer oben, lockt, was da schläft im
Boden, zieht es hoch, legt Holz nach. Wenn Wachstum
hörbar wäre, wir würden – wir würden – wir würden – wir
würden die Bässe zurückdrehen wollen

Svenja Nordholt
Menstruus

Du wurdest. Am

Tag des Neuen Mondes im

Januar. Dunkel war's, wo
du herkamst, warm.

Sichelförmig, deine ersten
Schritte, krallen sich Händchen um Finger.

Was wird, ist
halb zu sehen,
und was ist, im Fruchtbaren

Blutmond. Deine Brüste schmerzen
das erste Mal
und du tanzt dich durch die Dunkelheit, bis
es dir reicht. Reichte es?

Schlecht schläfst du, wenn, denn
auf der Höhe der Nacht heult ein Kind, du
hast werden lassen und wirst
weiter und bist
schon im Gewordensein begriffen.

Du erntest, was du
sätest. Und es schmeckt dir,
das Leben mit seinem
ausgefransten Rand.

Dieser angefressene Keks, der unaufhaltsam
schwindet, ist doch
rund und schön.

Du fragst dich öfter, wann
wohl Sense ist, und wie

Nur Warum, das fragst du
seltener. Und du wirst

weniger. Und bist – auf der anderen Seite – voller

und heller denn je

Johann Peter
Flügge

Aus einem Nest, daran der Wind schon kaut,
gehüpft auf dürren Ast,
schielt er hinauf, wo ihm ein Himmel graut.
Er ahnt des Fliegens Last.

Mit tausend Bögen bahnt er seine Spur
durch Staub und fahles Licht.
Am Ende aber kennt er nur
das eigene Gewicht.

Wie ist er schwer an sich
und schwerer an der Zeit!
Was trägt, das trügt, das lügt, das lässt
im Stich.

Und doch: Die Flügel weit,
die Flügel

weit!

Im Flug ins Leben. Und gelebt
im Flug.
Noch diese Bö. Ein Lied noch.
Dann genug

Nicola Quaß
lux et umbra

Himmel sahst du, unendliche Ferne,
Blicke, zwischen die Ufer gewischt,
Geschnatter im Schilf.

Was du sahst, was du hörtest, war etwas Luft,
die in der Stille quoll, eine ins Jenseits gezogene Spur.
Ein Boot durchquerte deinen Kopf, ein paar Schwäne

paddelten rückwärts. Du hörtest den See
flüstern, aber nicht die Stimmen darin.
Auf seiner Oberfläche formten sich leise Kreise.

Der Fisch, der starb, ohne sprechen zu lernen,
sein abgenagtes Gesicht. Ruderschläge
im Sekundentakt. Bevor du

zu leuchten begannst,
warf ich noch schnell meinen Schatten

Reinhard Reich

zweiter fruehling
(berlin)

komm und schau und lass uns sehn
suechtig auf diese himmelsleitern
steigen steigen bis wir high
hinueber rufen bis berlin
wir beide schreien ja ich will
sind beide endlich wirklich frei
und werden nie wieder geschieden
stuerzen gluecklich ins getuemmel
auf den hochzeitstrip gespannt
als seien fluegel uns verliehn
fuer grenzenlose weiten weiter
weg vom alten faellt mir ab
schied leicht da ich dich bei mir hab
nach diesem sturz ins niemandsland
dort zwischen ost und westen stehn
die toten schlagbaeume ganz still
und heimlich senkrecht in den himmel
so als traun sie unserm frieden

altweibersommer
(muenchen)

kurz vor dem haupt
bahnhof haengt mir der himmel
immer voller geigensaiten
sehen aus der ferne aus
wie seidenduenne faeden sch
weben wie im ungefaehren un
gefaehrlich knapp ueber dem zug geh
spinnst du jetzt oder was
spannt sich schraeg laengs quer durch

kreuzt den freien blick nach oben
bleibt im schnell vorbeifahrn punktuell
kurz an der netzhaut k
leben so wie engelshaar ein
eigenleben einge
webt ein grosses ganzes
ein elektrisieren
deswegen sinnierst du
oder was jetzt sinnst du
schon auf flucht vor solch gespenster
haften nur ganz fluechtig drauf
und dran gell mitzufahren
aber nicht voraus wo sie voraus
sichtlich am prellbock enden sondern
schlicht schnell himmelsrichtung
wenden um mit einem sonder
zug zurueck in die ge
fahren richtung sonnenuntergang
dort spielt der spaete sommer
weiter auf fuer alle die da zueg
e hoeren wollen und den mut dazu
mitbringen und mitsingen
singst jetzt du was oder
ueberlaesst du diese herbstmusik
den oberleitungsdraehten

Peter Reul
Erinnerungen an Tolstoi

Am Morgen dieser Nebel vor Austerlitz
Ein unbestimmtes Lächeln, das alles bedeuten konnte
Im Nebenzimmer
Das Rascheln von Kleidern
Fernes Grollen wie von Geschützen

Dann stieg die Sonne empor
Siegreich blitzten die Bajonette
Entblößte Schlüsselbeine
Die schimmernden Perlen

Love is a battlefield
Die Kleider fielen
Zu Boden und Blut
Färbte das Laken

Die zuckenden Glieder
Ein Schrei
Voilà une belle mort

Krieg
Und Frieden

Şafak Sarıçiçek
Der Verkäufer

Winkelmund sondert Kleber aus
draufgesetzt aufgesetzt mein Lächeln
pflock pflock!
Im *Zelt*
lug ich hervor hereinspaziert
man ruft mich den Verkäufer

Augenglitzern Sabbergier
pack dich in Kartonagen

zu Saucendekor mit Garnelen schlafen
garniere euch zu Fish 'n' Chips frittier

nur für Mindestlohn dich Pomm frites
und dein Schollenwollen auch

Die ungesättigt fetten Augen wollen
ich soll aufrecht stehen nicht lehnen
ich soll Meeresfrucht sein gleichmütig
ergeben

plopp plopp!

In die Schöpfkelle leg ich mich
auf Fisch und Teller dir
noch ein wenig Remoulade?

Porzellansonnen strahlen Liebe aus
halten an um der Schweißleuchten Hand
spielen Hitzeschlag auf Hitzeschlag

Das Wurmloch der Kasse erscheint springt auf
leckt Raum schlürft wie schlabbert

Augen die auf Tasten liegen
Zungen zappeln noch auf Münzen
Endlich fällt alles zum Wechselgeld hin

Das gewinnende Lachen liegt
verloren auf der Verkaufstheke
Feierabend

Barbara Schilling

Ich schnalle mein flauschiges Herz
auf die Gleise
und warte auf den Abendzug,
auf dass
der Schmerz herausquillt
und im Schotter versickert

Hannah Schlecht
Ein: Geständnis

Wir stehen draußen stockend sprechend nebeneinander.
Ich schaue auf das Glasgebäude gegenüber
und dann nach oben:
das Glas spiegelt sich im Himmel,
aber der Himmel nicht im Glas:

irgendetwas ist spiegelverkehrt.

Mein Mund rutscht aus zu viel bedachten Worten
in zu viele unbedachte Worte:
sie kommen gebrochen heraus.

Du lässt sie fallen, doch sie bleiben –
oder besser: werden –
auf dem Boden ganz.
Und ich werde stehenbleiben und zerbrechen:

irgendetwas ist spiegelverkehrt,

denn die Wurzeln tragen plötzlich Blätter
und die Äste wurzeln in der Erde.
Und ich frage mich,
wenn etwas Unschuldiges
im Entschuldigen
schuldig werden kann,
kann dann auch etwas Durchsichtiges
im Durchsichtigen sichtbar werden?

Und der Himmel antwortet mit einer
Spiegelung im Glas

Gert Schmidt
UKRAINE

I

ICH HABE DIR MEIN HAUS
GEÖFFNET
ZWEI ZIMMER,
KLEINE KÜCHENZEILE
DUSCHE UND SEPARATES WC
DU BIST DANKBAR
UND LÄCHELST SCHEU
ICH LÄCHLE ZURÜCK
UND WEISS ES IST UNGENÜGEND

II

ES SCHREIT DER MUT ZUM HIMMEL
VOR SO VIEL LEID UND TOD
DASS ICH DEN HIMMEL
LÄNGST ABGESCHRIEBEN HAB

Dirk Schmoll

Auf ins Café zu Anna Blume
bevor die schöne Welt zerschellt!
Man kann ja nie wissen, meinte Kurt Schwitters,
was morgen ist, etwas ist immer.
Auf zu Anna Blume,
zu dem Fräulein Unbekannt,
bläulich glänzt ihr gelbes Haar,
es gibt 27 Sinne.
Steckt der Hut auch an den Füßen
ist die Liebe doch nicht tot
und die Sonne leuchtet rot
über allen Gräbern.

Drei Musiker, drei Gläser Wein,
es ist der Rest, Granaten schlagen ein.
Sie stoßen an und lächeln nur:
ein Dreiklang in D-Dur

Mati Shemoelof
Schwarzblues

Jammere, schwarzer, an entwurzeltem
Baum baumelnder Blues
Jammere, Schwarzblues
über all die verschwendete Wahrheit und Freundlichkeit
das Mitgefühl
und fürchte dich nicht zu verkommen
zu purem Hass-Blues

Wach auf, Schwarzblues
was reden sie da hinter deinem Rücken?
Jammere, hinter deinem Rücken
jammere, Schwarzblues

Jammere, Schwarzblues
noch ist keiner beim Jammern gestorben
und wer will schon leben, ohne Tränen?
Jammere und scheu Dich nicht, Herzen zu brechen
Schwarzblues

Jammere düster, jammere dunkel
Nacht für Nacht ohne Nacht
Morgen für Morgen ohne Morgen
Düster jammere, dunkel jammere
jammere Schwarzblues, jammere

Schwarzblues, du erinnerst Dich
an die Versprechen der Zukunft? Aber wer versprach wem?
Was war eigentlich versprochen: Freundlichkeit, Wahrheit?

Wirklich, Schwarzblues?
Schwarzblues, spiel jede Enttäuschung auf uns
bis alle Lügen richtiggestellt sind, nimm von uns
die verbotenen Erinnerungen, so bleiben wir
im Sound der zum Schweigen gebrachten, Schwarzblues

Schwarzblues, spiel auf zu Beerdigungen
Fragen gilts zu fragen und – nein: an Antworten glaube nicht
spiel wie ein Jammerweib, Schwarzblues

Jammere in Eruption und Voluption
im Verborgenen, Schwarzblues
im Freien, Schwarzblues
Bejammere, was da verschwindet
in dunklen Gassen, Schwarzblues

Schwarzblues, bejammere im Wort
auch die Lüge des Sonnenaufgangs
spiel im Dunkeln, gebetslos
so leer, Schwarzblues, die Dunkelheit

Jan Stechpalm
Der Seiltänzer

Langsam wippen seine Schritte,
sachte setzt er Fuß vor Fuß
auf den Faden durch die Mitte,
unten tobt der weiße Fluss.

Wind zerzaust im kühl die Haare,
Schweiss ihm rinnt, der Atem geht,
Schlucht zerfurcht durch endlos Jahre,
Krähen kreisen, Welt sich dreht.

Greift er um sich, trifft er Leere,
keine Stütze, nirgends Halt,
Herz und Magen spüren Schwere,
von tief her droht Naturgewalt.

Nur der Stab in seinen Händen
gibt ihm stetes Gleichgewicht,
könnte schnell alles beenden,
hielt er ihm die Waage nicht.

Plötzlich packt ihn jäh ein Schauer,
Glieder wanken, Atem stockt,
Sonne weicht für kurze Dauer,
bleich er auf dem Seil abhockt.

In des Seiles ruhigem Schwanken
wird er sich des Seins gewahr,
fasst er Mut, klärt die Gedanken,
stellt sich auf, trotz der Gefahr.

Weiter schreitet er im Wissen,
noch das Ende nicht zu sehen,
gleitet fröhlich und beflissen,
hoffend, dass das Morgen schön.

Norbert Sternmut
Im Gleichgewicht

Die Stimmen aus langen Gesprächen
in die Ferne gesplittert, Nerven
ausgehöhlt, Worte gewechselt,
weit im vergessenen Winkel,
alte Zöpfe abgeschnitten,
Steine geschleudert, gegangen
über das Wasser, gefahren
unter die Haut, vertuscht
die erste Liebe, erste Zigarette
unter Bäumen, im Gespräch
allein das Wort aus heiterem
Himmel eingestreut wie Feingeist,
edle Vielfalt, atemberaubende
Sternschnuppe, Worte,
die an nichts glauben, Sätze,
eine spielende Hand pflückt
die Schlüsselblume aus der Luft,
dem beschwingten Wolkenschleier,
fesselnden, gläubigen Glockenturm,
geheimnisvollen Nebel, unergründlich
dem Trosthappen im Auftrieb,
Mut und Anstand, erhellend,
der Leuchter gibt sein Licht frei,
voller Schönheit in der Muschel
rauscht das Meer vorbei,
spielt die Musik in den Höfen,
fällt die Glut zusammen,
vermählt sich die Asche
mit der Ewigkeit
im Gleichgewicht der Massen
schwebt es sich leichter
im Raum, schwerelos, braucht es
keine Schwerkraft, keine Gewalt,
hält der Friede die Waage

Markus Streichardt
Großmutter

Müller der deutscheste aller
deutschen Namen,
Korn wurde nicht gemahlen
dafür Tabletten & Insulin
gespritzt im Sanatorium.
Ehrfürchtig angesprochen
als die Tochter des Direktors,
manchmal auch mit Vornamen.
Dann mit zweiundzwanzig
hieß sie Frau Goldt, der Glanz
verschwand ein paar Jahre später.
Und dazu die Frage, ob sie jüdisch sei.
Die zweite Ehe schenkte ihr das erste
Kind & eine russische Vergangenheit,
obwohl ihr Mann aus Sofia stammte.
Zum 90. Geburtstag Anruf des
Bezirksbürgermeisters, sie sagte:
Ich bin immer noch Elisabeth, verstehen Sie?

Gabriele Stürmer-Aulbach

Vor dem Winterschlaf noch
ungeschoren mein Fell noch
die Lippen rau vom Sommerglühn mit
dem Geruch von Kirschen noch
einen Sack Nüsse noch
die letzte rubinrote Rose ein
Glas Morgentau noch
kühn in die Luft schon verberge ich
Frost in den Schuhen abends
spinne ich Nebel zu Engelshaar am
Himmel hält eine Wolke an
für den ersten
Schnee

Sada Sultani
Deiner Augen Flüsse

Die Flüsse werden freundlicher
Wenn ich deine Augen küsse
Sie sind mir Ganges und Jamuna* zugleich
Meine zwei heiligen Flüsse
Erlaube mir, in deinen Augen zu ertrinken
Um mich von meinen Sünden zu befreien
Lass mich mit dir blau werden
Denn ich weiß: Blau ist deine Lieblingsfarbe
Seit wann ist Blau eigentlich auch meine? !
Keine Ahnung …
Ich weiß nur: In meiner Kultur
bedeutet Blau Freundlichkeit
Blau bedeutet Intimität
Blau bedeutet Vertrauen
Blau bedeutet vieles andere
Wofür es sich zu kämpfen lohnt
Wusstest du das? !
Deine Augen laden die Welt zum Frieden ein
Und zwingen Terrorismus in die Knie
Bestimmt kann man die Welt mit deinen Augen viel schöner sehen
Vor der Flut habe ich keine Angst
Solange du an meiner Seite bist
Denn wenn du an meiner Seite bist
Kann kein Ozean mir etwas anhaben
Und das, obwohl ich nicht schwimmen kann
Wer weiß …
Vielleicht bist du Moses
Und eines Tages glaube ich an Wunder

---

* Der Ganges ist der heiligste Fluss der Hindus. Die Yamuna, auch Jamuna oder Jumna, ist der wichtigste Nebenfluss des Ganges in Indien.

Unterschätze deine Augen nicht!
Deine Augen sind alles
Was eine Frau braucht
Um sich zu verlieben

Ana Tcheishvili

Wie Zugvögel in die wärmeren Länder im Winter
zogen Mütter und Väter in die kälteren –

aus meinem Land
damals.

Meine Mutter blieb,
sie stellte uns
auf weiße Papierblätter,
auf dem Küchentisch,
um unsere Füße nachzuzeichnen.
Wir streckten die Finger
nach der heißen, nackten Glühbirne,
es brannte kurz.
Sie zog uns an der Ferse zurück,
die Bleistiftspitze kitzelte,
wir lachten auf.

Auf A4 Blättern
sah mein Vater
unsere Fußkonturen wachsen,
er schickte uns die Schuhe,
bis die Füße ausgewachsen waren.

Im Kindergarten gab ich an,
mein Papa ist ganz groß
und passt trotzdem in einen Telefonhörer rein –
ich hatte immer die schönsten Schuhe

Kathrin Thenhausen
dass stoßzähne auch nutzen haben

bruch
stücke. ihre mutter gebar einen elefanten, sie: porzellanhaut
wuchernd im puppenhaus. unangepasst.
das dach brach, solarzellen, die nicht mehr
sonne filetierten: kind, was hast du angerichtet?
der himmel darüber, bedeckt.

aus
wut wischte sie wolken statt staub, verteilte sie über das grau,
ließ augenringe wuchern und trank wein
aus gerollter zunge
wie blut.

mut
in scham kostümiert und in trotz,
die dickhaut am ohr dünn wie papier.
heimlich hoffend, es würde reißen und sonnenlicht freigeben.

der tag, als die vasen brachen
und elefanten erkannten,
dass auch sie tanzen konnten.
bruchstücke eines mutausbruchs
wenn man es zusammensetzt

Dirk Tilsner
im Unterricht

lauschen die Mädchen mucksmäuschenstill, hinter
geschlossenen Fenstern wispert ganz allein die Stimme
der Lehrerin: von Knallgas und Explosionen mit Radikalen
ohne Gewehr, von der Physik des Himmels und dem Sturm
auf die Bastille, der Kraft winziger Teilchen, von den Regeln
der Potenzgesetze, von Hypothesen, Beweisen und Schlüsseln
in ihrem Notenheft (heute leider ohne Klavier, erklärt Umida*
man könnte es von der Straße aus hören)

im Unterricht schweigen die Mädchen und träumen
von Robe, Arztkittel und einem Mikrophon in der Hand
ein Leben vor dem Paradies, von ihrem täglichen Gang ins
Licht, heraus aus dem Schatten der Bärte, von den Gebeten
der Blumen in den Gärten Kabuls, von der Allmächtigkeit
der Farben ihrer Kleider, vom unumstößlichen Gebot
freier Zweifel und dem Recht auf ein Nein! jedoch, wie
man Wissen und Glauben vereinbart, fragt Ellaha**

die Rosen vor dem Fenster, als ich sie pflanzte, glaubte ich
an den Frühling, antwortet Umida

---

*   Hoffnung
**   die Schöne, die Göttin

Ulrike Titelbach
EIN KINDERSPIEL

       kurzgedicht in zwei klangfarben

zaumgfoits bopia
in seina haund. des kind
frogd: hümmö oda hö?

       gefaltetes papier
       in seiner hand. das kind
       fragt: himmel oder hölle?

Mihai Daniel Udrea
Die transphänomenale Seite des Spiegels

Ich such dich abseits der blassen Fassade des Mondes,
dort wo die Zeit schläft
in dem rotierenden quantenphysikalischen Nest,
ich such dich unter der Lippe der verbrannten Blätter,
von dem Ruß der Sterne,
zu der Zeit des Metaphysischen der Nacht,
wenn alle Träume, synchron
zu magischen Spiegeln der Prädestination werden,
ich such dich in unartikulierten Worten,
in den verborgensten aller Gedanken,
ich such dich, meine kalte Stirn legend
auf den rigorosen Gesang der Blumen des Flusses Wiese,
ich such dich in einer bestimmten Dimension,
wo die Liebe, nur der Liebe gehorcht,
ich such dich fiebrig, mit schimmernden Augen,
obwohl ich weiß, dass du nicht wirklich existierst
außer als tief vergraben, verlagerter Zustand in mir

Jascha Ezra Urbach
Lächeln im Gesicht

Zieh die Strümpfe an
Schnür das Mieder
Richte den Rock
Mach mir das Haar

Brauch schönes Makeup
Nein nicht so viel
Lächle strahlend

Fang etwas Mut
Verlasse den Ort

                                  eine faust ins gesicht

Lächeln im Gesicht

                                        mehr schläge
                           und tritte und schmerzen

                                   ich störe deine welt
                                           ich atme

                                   zeterst laut herum
Habe den Mut
Den niemand hat
Einfach zu sein

Hebe den Kopf
Endlich war ich
Für Sekunden
Der ich sein will

Claudia Vibrans
Himmelsschafe

Stelle die Leiter auf
steige hinauf
zu der blauen Weide
streichle Himmelsschafe
die Vergissmeinnicht fressen.
Beim Abstieg
greife ich nach einer
kleinen Wolke
nehme sie mit hinunter
und stecke sie unter mein Kopfkissen

T. G. Vömel
Mutig

weitere Schritte

        in ungewisser Ferne

formen den Weg

        aufrecht

mit klarem Blick

        nach vorn

wandere aus

        suche dein Schicksal

ohne inneren Halt

        mit offenen Fragen

Liza Wandermaler

Seit dreizehn Jahren fahre ich hinaus
auf hohe See
und werfe meine Urwortnetze aus
so weit ich seh.

Es gab so viele Nächte keinen Fang
und ich fuhr weg
mit ungefüllter Hand und leerem Klang
und leerem Deck.

Mich traf der Wellenschlag, mich biss der Wind,
mir riss das Netz.
Ich war verstört und schwach, gelähmt und blind,
ich war verletzt.

Doch ich erinnre mich an eine Zeit,
in der mein Boot
den größten Klang- und Wortfang meeresweit
dem Hafen bot.

Da sprangen bunte Sätze ganz von selbst
in meine Hand,
als hätten sich die Meere umgewälzt
und wurden Land.

Doch wie der Regen nicht dem Bauern dient,
so hab auch ich
nur dieses Boot, nur dieses Netz, den Wind,
den Küstenstrich.

Es kommt einmal ein Tag, es kommt ein Fang
im Kern des Blaus.
Und bis dahin fahr ich am All entlang
und werfe aus

Thomas J. Wehlim
SPRUNGBRETT

Ein wippendes Brett
und hinter mir
drängeln die Knaben.

Drei Sekunden
habe ich
vor dem Beton

Werner Weimar-Mazur
[ein land diesseits]

> Irgendwo erzählt ein kleiner Stein
> auf einem großen von meiner
> Anwesenheit.
> (Joséphine Bacon)

ein land diesseits
ein land jenseits

gegen das mondlicht
der scherenschnitt eines aufgerichteten bären
der himmel beugt sich tief
über den fluss und klirrt
mein fuß setzt sich in die spur
des scherenschnitts
und geht als ahnin weiter

tagenächtelang
höre ich nichts
als den flüsternden wind
er weist mir den weg
zwischen buschwerk und stein

ich schließe die augen
ruhe im gehen aus
und der sprechgesang meiner hände

verhallt in einem anderen land

wie ein kanu
lege ich mich aufs wasser
nur die lachse passen noch
zwischen mich
und den steinigen grund

ich treibe quellwärts
bergauf
gegen die steigung des lichts

im schatten einer flussbiegung löse ich mich auf

Franziska Witschi
leicht wie birkenstein

in jenem falunroten sommer
der den offenen boden mit weidenröschen überzog
baute ich dir ein haus

gewaschen mit scharbocksgras
am fluss wo die strömung weiss
wie wieder fuss zu fassen sei

leicht wie birkenstein

Gabriele Yonan
Pan

die Straße der Untreue
auf der wir uns trafen
ist tot – gestern hörte ich davon

weißt du nicht, dass ich zurückkommen werde
in meine Stadt
mit einem grünen Würgeengel
der wird dich töten

alles, was ich über das Leben weiß
habe ich von dir gelernt
blutige Flügel, die du abschneiden wolltest
sind nachgewachsen

erinnerst du dich an Psyche
die an trockenen Brunnen verdurstend
nach ihrem blondgelockten Apoll suchte?
stattdessen kam Pan
und die Steine erbebten vom Mittagsgelächter

Christine Zureich

das haus atmet
zeiten
kohl-
rüben-
bohnerwachs-
worte für apparate, die
vergessen geraten und
gedörrte äpfel
atmet rückwärts
das haus braucht
mich nicht und
meinen apple-laptop
ich mag es dafür
nachts hört man das gären

Die Autorinnen und Autoren

Die Preisträger

Dietrich MACHMER (*1966 in Worms) lebt in Hamburg. Studierte Kunstgeschichte, Philosophie und Wirtschaftswissenschaften in München, Frankfurt/Main und Hamburg. Er arbeitete u. a. als Buchhändler, Übersetzer, Bühnenarbeiter und Umweltberater. Heute ist er als Kunsthistoriker und Autor tätig. Neben Veröffentlichungen von Lyrik in Zeitschriften und Anthologien erschien 2016 der Gedichtband *ende der kampfhandlung*. 2000 und 2011 erhielt er den Literaturförderpreis der Stadt Hamburg sowie 2017 den Martha-Saalfeld-Literaturförderpreis des Landes Rheinland- Pfalz. Dietrich Machmer nahm 2023 am Drama Lab der Wiener Wortstätten teil, für die er das Minidrama *Schonhaltungen* verfasste. Sein erstes Theaterstück, *Discordia*, erschien 2023.

Nicola QUAß (*1974 in Wetzlar) studierte Rechtswissenschaft in Marburg und arbeitet als Anwältin in einem Unternehmen. Ihre Lyrik, experimentelle Kurzprosa und lyrische Prosa hat sie in zahlreichen Zeitschriften und Anthologien veröffentlicht, darunter in *außer.dem*, *Krautgarten*, *Mosaik*, *Ostragehege* und *Versnetze*. 2004 erhielt sie den 2. Preis beim Lyrikwettbewerb „Lyrik 2000 S" sowie für die Jahre 2006, 2007 und 2011 Preise beim Literaturpodium. 2007 war sie Finalistin des Irseer Pegasus. Auf ihr Merck-Stipendium der Darmstädter Textwerkstatt für das Jahr 2017 folgte 2020 mit dem Band *Nur das Verlorene bleibt* ihr Lyrikdebüt. Mit Geraldine Gutiérrez-Wienken übersetzte sie Gedichte von Mónica Francés aus dem Spanischen (*Yo sueña / Ich träumt*, 2022). 2022 war sie für den Ulrich-Grasnick-Lyrikpreis nominiert. Nicola Quaß lebt in Düsseldorf.

Die Nominierten und weitere Autorinnen und Autoren

Anne ABELEIN (*1980) Journalistin in Herrenberg. Studierte Literaturwissenschaften und Kunstgeschichte. Veröffentlichung von Gedichten und Kurzgeschichten in Literaturzeitschriften und Anthologien. Erster Preis im Schreib- und Kreativwettbewerb (Lyrik) bei den Oberpfälzer Literaturtagen 2019.

Esther ACKERMANN (*1962) lebt in der Schweiz. Germanistin und Theaterwissenschaftlerin. Dramaturgin, Lektorin, Rezensentin, Koordinatorin und Dokumentalistin des schweizerischen Literaturarchivs in Bern. Veröffentlichungen in Anthologien, Zeitschriften und regelmäßig im Jahrbuch der Lyrik. Erster Gedichtband *Die Hand hinein* erschien 2016.

Ferhat ALTAN (*1974) studierte Politikwissenschaften und Geschichte in Marburg. Seit 2011 arbeitet er als Gewerkschaftssekretär bei ver.di in Mainz. In seiner Freizeit schreibt er Gedichte.

Anna ARNING (*1963) Freiberuflich tätig. Autorin von Lyrik, Kurzprosa, Erzählungen. Veröffentlichungen in Zeitschriften und Anthologien.

Ulrike BAIL (*1960 in Metzingen) studierte Germanistik und Evangelischen Theologie. Promotion und Habilitation. Verfasste Lyrikbände, zuletzt *wie viele faden tief* (2020) und *statt einer ankunft* (2021). Auszeichnungen u. a. als Autorin des Jahres 2020 der Autorinnenvereinigung e. V. und 2021 mit dem Prix Servais für *wie viele faden*. Sie lebt in Luxemburg.

Melanie BÄREIS (*1997) Masterstudiengang English Literatures and Cultures. Schreibt und malt, veröffentlicht und stellt Bilder und Plastiken aus seit 2013. Ausgezeichnet mit dem Albertus-Kunstpreis 2022.

Dennis BECHTEL (*1984) studierte Germanistik und Anglistik, arbeitet als Stadionordner, Fitnesstrainer, Journalist, PR-Referent und Marketing-Texter. Veröffentlichungen in Zeitschriften und Anthologien.

Andrea BERWING (*1969 in Hoyerswerda) ist freiberuflich tätig. Veröffentlichte bisher vier Romane: *Die Wahrheit ist anders* (2017), *Jetzt spinnen wir um die Wette, Henriette!* (2018), *Und zerrissen die Raben mein Herz* (2019) und *Tango des Geldes* (2021).

Manuela BIBRACH (*1971 in Dresden) Ausbildung als Diplom-Ingenieurin (FH) für Umweltbildung und -psychologie. Neben einer Tätigkeit als Umweltpädagogin arbeitete sie als Verkäuferin, PR-Referentin und Auftrags-Texterin. Lyrik-Debüt *Radios mit Naturstimme* (Gedichte mit Grafiken von Pètrus Akkordéon, 2023). manuela-bibrach-autorin.jimdofree.com

Helmut BLEPP (*1959 in Mannheim) Studierte Germanistik und Politische Wissenschaften. Freiberuflicher Trainer und Berater für arbeitsrechtliche Fragen. Schreibt Prosa und Lyrik u. a. in Zeitschriften und Anthologien.

Michael Georg BREGEL (*1971 in München) Diplom-Politologe. Journalist, Autor, Übersetzer, Redakteur und bildender Künstler. Veröffentlicht Lyrik, Prosa, Grafik, Fotografien. Preise für Lyrik und Journalismus. Literarische Einzelveröffentlichungen u. a. die Lyrikbände *KRIEGSTANZ MONO – REMIX* (edition / Berlin 2003 / 2021) und *Diesseits* (2021).

Isabella BREIER (*1976 in Gmünd/Niederösterreich) Studium der Philosophie und Germanistik. Lehrkraft für Deutsch als Fremd- und Zweitsprache. Lyrik und Prosa in Literaturzeitschriften und Anthologien. Veröffentlichungen: *dass ich im Lauf der Dinge beinah mein Herz verwechsle* (Lyrikband mit Illustrationen von Medea Breier.2019), Grapefruits *oder vom großen Ganzen* (Edition.fabrik. transit Wien, 2022). Sie lebt in Wien.

Natalia BREININGER (*1985 in Riga) studierte Slawistik, Philosophie und Transcultural Studies sowie Schauspiel an der theaterwerkstatt heidelberg. Seit 2009 u. a. als freie Autorin, Übersetzerin, Photographin und Lektorin tätig. Veröffentlichungen u. a. in *die horen*, *mosaik* und *tau* sowie der Anthologie *Mixtape*.

Lars-Arvid BRISCHKE (*1972 in Dresden) arbeitet als Energie- und Zukunftsforscher in Berlin. Preisträger: lauter-niemand-preis für politische Lyrik 2014, Feldkircher Lyrikpreis 2019. Ausgewählte Veröffentlichungen: *eine leichte acht* (Lyrikedition 2000 im Allitera Verlag 2006), *wer fällt schon aus der welt* (Edition Art Science, St. Wolfgang 2020), *Wildnis im Versuchslabor. simultan/poesie* (mit Silke Peters, Christian Vater und T.G. Vömel, vauvau-verlag Berlin, 2023).

Johannes BRUCKMANN (*1981 in Herdecke) Nach Abitur und Auslandsaufenthalt studierte er Jura. Seit 2013 lebt und arbeitet er als Richter in Berlin. Veröffentlichungen von Lyrik in Zeitschriften und Anthologien.

Sascha BUNGE (*1969 in Brandenburg an der Havel) Nach dem Abitur Studium der Theaterwissenschaften/Kulturelle Kommunikation und Germanistik an der Humboldt-Universität zu Berlin (1990–1996). Tätigkeiten als Theaterleiter, freier Regisseur, Autor und Produzent in Dresden, Magdeburg, Timisoara (Rumänien), Halle (Saale), Pforzheim, Senftenberg, Aachen, Leipzig und immer wieder in Berlin.

Mateu CARRERAS (*2000 in München) studiert Deutsche Literatur und Philosophie an der Humboldt-Universität zu Berlin. Freiberuflich Junior-Drehbuchautor.

Philine CONRAD (*1986 in Köln) schreibt Theaterstücke, Hörspiele, Drehbücher und Gedichte. Veröffentlichte u. a. 2018 *Zeitreise* und 2021 *Geistige Gefangenschaft*. Für ihr Stück *Lulla-Bye for a Mother* gewinnt sie 2019 den Literaturpreis Nordost; 2020 wird es verlegt. philineconrad.com

Steffen M. DIEBOLD (*1967) Studium der Rechtswissenschaften, der historischen Hilfswissenschaften und der Pharmazie (Dr. phil. nat.). Lyriker, Tonsetzer und Wissenschaftspublizist. Preisträger von Jokers Lyrik-Preis 2003 Veröffentlichte Gedichte in Literaturzeitschriften und Anthologien u. a. in *Alle Sinne leben* (2022).

Monika DIETRICH (*1968) studierte zunächst Slawistik und Romanistik, beendete 2022 ein zweites Design Studium mit Schwerpunkt Kommunikationsdesign, Illustration und Nachhaltigkeit. Einen Einblick über ihre Arbeiten gibt es bei Instagram.

Christian DÖRR (*1967 in Wertheim) studierte Philosophie, Germanistik, Komparatistik und Orientalistik. Lehrer und Schriftsteller. Mitgründer und Leiter des Vereins Hafis e. V., ProfilPASS-Berater und Berufsfindungscoach. Als Lyriker veröffentlichte er die Gedichtbände: *Melusinen im Kopf* (2019), *Buddha in Nachbars Garten* (2021) und *Bellerophon* (Verlag der 9 Reiche Berlin, 2022).

Frederik DURCZOK (*1986) Musiker, Historiker, promovierter Pädagoge. Freier Autor von Lyrik, Kurzprosa und Erzählungen.

Dagmar DUSIL (*in Hermannstadt/Siebenbürgen) Anglistik- und Germanistikstudium mit Magisterabschluss an der Babes-Bolyai-Universität Cluj-Napoca. Seit 1985 lebt sie in der Bundesrepublik Deutschland. Autorin von Prosa und Lyrik u. a. mit ihren Werken

Transitschatten, gedichte (2015) und *Entblätterte Zeit* (Kurzgeschichten, 2022). Preisträgerin.

Lena EGERTER (*1992 in Burghausen) lebt und arbeitet seit zehn Jahren in Leipzig als Sozialarbeiterin. „Ich liebe Lebensgeschichten sowie das Suchen nach Wörtern und neuen Wegen."

Wolfgang ENDLER (*1946) Orthopädiemechaniker. Biologe. Lyriker, Vortragskünstler und Liedermacher „mit Freude am Wortmaterial". Veröffentlicht Geschichten und Gedichte in Anthologien. Eigenveröffentlichungen wie *Prothesen – Antithesen* (2021). Preisträger des Hattinger Aphorismus-Wettbewerbs 2016. wolfgang-endler.de

Markus EPHA (*1965 in München) lebt seit 26 Jahren in Berlin, legt Steingärten an im Allgäu und auf Euböa in Griechenland. Als Autor verbindet er Wort und Bild: Zeichnung, Collage, Fotografie, Poesie und Kurzprosa.

Felix ERDMANN (*1997 in Bonn) Schauspielstudium an der MUK Wien. Seit 2020 Ensemblemitglied am mecklenburgischen Landestheater TOG. Schreibt Lyrik und Prosa wie *Neben der Badematte* in *Ich verspreche Dir einen schönen Sommer. Erzählungen* (Trabanten Verlag Berlin, 2021).

Wolfgang FEHSE (*1942) studierte nach dem Abitur Sozialpädagogik und arbeitete als Taxifahrer, zeitweise als Sozialarbeiter und in anderen Berufen. Er veröffentlicht seit 1964 und lebt seit 1986 als freier Autor in Berlin.

Marko FERST (*1970) studierte Politikwissenschaft an der Freien Universität Berlin, schreibt Gedichte, Erzählungen und Pressebeiträge. 2017 erschien der Band *Jahre im September. Gedichte und Erzählungen* und 2021 *Einzug in die Stille. Erzählungen*. umweltdebatte.de

Frank Maria FISCHER studierte Medizin und Philosophie und arbeitet als Oberarzt in Projekten mit drogenabhängigen Straßenkindern, „um das Vergangene ins Vergangene bringen zu können und einen Neuanfang zu schaffen". frank-maria-fischer.de

Hans Peter FLÜCKIGER (*1952) lebt in Solothurn/Schweiz. Journalist, Reporter und Fotograf. 2016 erste literarische Texte. Autor von Tex-

texperimenten (Konkrete Poesie, Bildgedichte). Diverse Publikationen in Anthologien und Blogs. 2020 erschien der Gedichtband *Auf den Punkt gebracht: 366 Versuche*, 2021 *Aufstand der Vokale. Ein Experiment*. geschichten-gegen-langeweile.com

Zoe FORNOFF (*in Rom) studierte Literaturwissenschaften und Europawissenschaften. Sie lebt in Berlin und arbeitet als Projektmanagerin für Kultur und Wirtschaft. Veröffentlicht Lyrik u. a. *und also sprach plazenta* in Erstausgabe der Zeitschrift *Kassiber* (Texte 001-048).

Clara FRANCKE (*2001) lebt seit 2019 in Berlin und studiert Rechtswissenschaft. Ihre Leidenschaft für Gesang, Literatur und Sprache entdeckte sie „schon als kleines Mädchen".

Stephanie A. FRANK (*1968) arbeitet und lebt als freie Autorin, Redakteurin (u. a. Deutsche Welle) und Biografin (www.aufgezeichnet.com) in Frankfurt am Main. Sie studierte Anglistik, Germanistik und Romanistik.

Mateusz GAWLIK (*in Kielce/Polen) lebt in Herborn, arbeitet als DaF-Sprachlehrer in Frankfurt am Main. Dipl. Übersetzer. Ehrenamtlicher Helfer für Geflüchtete. Lyrikveröffentlichungen in Anthologien. Preisträger Lyrischer Lorbeer 2019.

Stephanie GERNER (*1977) lebt in Berlin. Studium der essayistischen Fotografie. Seit 2003 nationale und internationale Ausstellungen und Ausstellungsbeteiligungen. Veröffentlicht Kurzgeschichten und Gedichte in verschiedenen Medien. stephaniegerner.de

Andrea de GHEZZI (*1963 in Meran/Italien) lebt und schreibt in Meran, übersetzt aus dem Italienischen. Veröffentlichungen im Rahmen des Projekts *101 Gedicht Plakate – work in progress* der Werkstatt für Literatur, Typographie und Graphik Offizin sowie in Anthologien.

Bernd Marcel GONNER (*1966 in Luxemburg) lebt in Creglingen. Studierte Germanistik, Philosophie und Kunstgeschichte sowie Deutsch als Fremdsprache. Freier Schriftsteller. Schreibt seit dem 18. Lebensjahr Lyrik, Prosa, Theater und Kinderliteratur. Veröffentlichungen, mit Preisen ausgezeichnet.

Fiona GRAU (*1986 in Freiburg im Breisgau) studierte Philosophie, Literatur und Politik in Tübingen und Paris. Gründung eines Gärtnereiprojekts in Brüssel. Veröffentlichungen in deutschsprachigen Literaturzeitschriften.

Ulf GROßMANN (*1968 in Freiberg) lebt in Fuchstal. Schriftsteller, Lyriker und Herausgeber. Schreibt und veröffentlicht Lyrik und Prosa sowie Rezensionen, u. a. den Erzählband *Bescherung* (2017) und den Gedichtband *Nachtränder. Gedichte* (2018). Ausgezeichnet 2023 mit dem Hauptpreis beim Kammweg-Literaturwettbewerb.

Friederike HAERTER (*1989 in Schwedt/Oder) lebt und arbeitet in Frankreich. Studierte Germanistik, Romanistik und Europäische Studien. „Viele meiner Gedichte haben einen offen biografischen Bezug. Räumlich wie geschichtlich lebe ich weit entfernt von meiner Herkunftslandschaft". Sie gewann den Jurypreis für Lyrik beim poetbewegt-Wettbewerb für junge Literatur 2016. 2022 erschien ihr erster Gedichtband *Im Zugwind flüchtender Tage* im APHAIA Verlag.

Carolin HAGELBERG (*1986 in Winsen/Luhe) ist eine in Berlin lebende Autorin und freischaffende Künstlerin mit Schwerpunkt Grafik. Veröffentlichungen in Anthologien, u. a. in *Fernwärme* (Periplaneta, 2021). 2021 Preisträgerin von Aurum – dem Preis des Autorenforum Berlin e. V.

Stephan HALTER (*1977) Studierte Germanistik, Allgemeine und Vergleichende Sprachwissenschaften und Neuere und Mittlere Geschichte. Solokünstler und im Künstlerduos St. & St. Veröffentlichung von Kurzgeschichten und Lyrik im Print sowie Online seit 1997. stephanhalter.de

Dieter HANS (*1952 in Aachen) veröffentlicht überwiegend Reise-Essays und Gedichte in literarischen Zeitschriften und Anthologien. Publikationen: *Der kranke Chauffeur. Lyrisches Roadmovie* sowie *Der kranke Chauffeur. Bellevue* (Frankreich-Gedichte).

Johanna HANSEN (*1955) lebt in Düsseldorf. Malerin, Autorin und Herausgeberin der Literaturzeitschrift *WORTSCHAU*. Studium der Germanistik und Philosophie. Seit 1993 Ausstellungen, seit 2008 literarische Veröffentlichungen als Einzelpublikation, in Literaturzeitschriften, Anthologien und auf Literaturplattformen. Lyrik in

Kombination mit eigenen Bildern u. a. *zugluft der stille* (edition offenes feld, 2020), *Tisch Tuch Notizen* (Wortschau Verlag, 2021) sowie *Mondhase an Mondfisch* (2022). Zusammen mit Musikern und Komponisten Performances, Buch/CD Projekte und Poesie-Filme. johannahansen.de

Christa ISSINGER (*1963 in Brixen) lebt in Natz-Schabs/Südtirol. Beruflich tätig als Verwaltungsbeamtin im öffentlichen Dienst. Autorin des Lyrikbands *Die Liebe ist nicht rot ...* Preisträgerin des Hildesheimer Lyrikwettbewerbes (2014), Preisträgerin des Lyrikwettbewerbes Lyrik in Köln (2017).

Jasmina JARYSZ (*2006 in Berlin) Schülerin. Siegerin des Schreibwettbewerb THEO 2023 für *Restworte*. Teilnahme am 4. Vechtaer Jugendliteraturpreis und Autorin in der Anthologie *Stille - ein anderes Lebensgefühl?*

Christine KAHLAU (*1955) lebt in Berlin. Abschluss als Diplom-Soziologin. Schreibt Lyrik, Prosa, Kurzprosa. Verbindet Gedicht und Musik sowie Gedicht und Malerei, „weil diese zusammen wieder etwas ganz Neues ergeben". 2022 Debüt Lyrikband *Dunkelhell* (Lyrik-Edition NEUN, Bd. 11, Verlag der 9 Reiche, Berlin).

Philipp KAMPA (*1987 in Zwickau) lebt und ist wissenschaftlich tätig in Halle (Saale). Lyrikveröffentlichungen in Literaturzeitschriften, unter anderem in *Edit*, *Lichtungen*, *Poet*, *Am Erker* und *Die Rampe*.

Marion KANNEN (*1956 in Gießen) lebt in Berlin und schreibt Lyrik, Kurzprosa und Geschichten u. a. in *Textmanege*. Ihre Lyrik wurde in zahlreichen Anthologien veröffentlicht sowie als Eigenveröffentlichungen *SpielZeugHaus* in der Reihe *FREEdrichshagener KleeBLATT* (9/2021) und *Die klügste Katze der Welt ! - und ich. Eine wahre Liebesgeschichte* in *FREEdrichshagener KleeBLATT* (12/2023).

Sarah KNAUSENBERGER (*1980 in Hameln) Studierte Theologie in Stuttgart, Creative Writing an der Universität von Südafrika, lebte einige Jahre in den USA, seit 2014 in Hamburg. Schreibt Kurzgeschichten, Lyrik und Kolumnen in Zeitschriften. Publikationen: *Die blaue Ritterin* (Jugendbuch, 2021), der Lyrik-Collageband *Wenn ich Flügel hätte* (2021), der Roman *Die Wildmohnfrau* (2023) beim Kunststifter Verlag.

Henriette KRAMM (*1952 in Biesenthal) lebt und arbeitet in dem Prignitzer Dorf Mankmuß. Theologin, Barfüßerin, Dichterin. Schreibt postfaktische Lyrik, Erzählungen und Poetry Slam. Publizierte u. a. die Lyrikbände *Herzlinge* (2018) und *BlütenBlätterTräume* (2019).

Julia KULEWATZ wuchs abwechselnd in Berlin und Erfurt auf. Studierte Literaturwissenschaft, Philosophie, Modezeichnen und Choreografie in Erfurt und Seoul. Freie Autorin. Dozentin für Kreatives Schreiben. Verlegerin. Auszeichnung mit dem Stadtschreiberstipendium von Neu-Ulm 2022. Preisträgerin des KUNO-Essay-Preis 2023 für *Zum Dazwischen als generative Grauzone im Schreiben Herta Müllers*. Literarischer Schwerpunkt lag zunächst auf Kurzprosa: *Vom lustvollen Seufzer des Sudankäfers* (2017) und 2020 *Jenseits Blass-Blau*. 2021 erschienen die Lyrikbände *Orkaniden. Sturmgedichte* sowie *counting magpies*, 2023 der Debütroman *Dysfunctional Woman*.

Christine LANGER (*1966 in Ulm). Schriftstellerin, Lyrikerin und freiberufliche Kulturjournalistin. Chefredakteurin der *KONZEPTE • ZEITSCHRIFT FÜR LITERATUR*. Auszeichnungen und Preise. Fünf Gedichtbände: *Lichtrisse* (2007), *Findelgesichter* (2010), *Jazz in den Wolken* (2015), *Körperalphabet* (2018), *Ein Vogelruf trägt Fensterlicht* (2022).

Chris LAUER (*1995 in Luxemburg) lebt in Luxemburg. Studierte Germanistik und Soziologie in Freiburg im Breisgau. Lyrikerin und Journalistin. Als freie Mitarbeiterin veröffentlicht sie Artikel wie Porträts, Rezensionen und Essays. Für das Gedicht *La paix* erhielt sie 2017 einen Preis vom Mouvement européen. Veröffentlichte in: *Sinn und Form*, *Les cahiers luxembourgeois*, *&Radiesschen*, *mosaik*, *,apostrophe*.

Wiete LENK lebt und arbeitet freiberuflich in Dresden. Dozentin, Schreibtherapeutin, Lektorin und Autorin. Literaturpreisträgerin. Veröffentlichungen in Zeitschriften und Anthologien. Einzelveröffentlichungen: u. a. *Krähenbeißer. Erzählungen* (2017), *Nimm einen Namen. Erzählungen* (2020), *Zwischen den Zeiten. Roman* (2023).

Philipp LÉTRANGER (*1956) lebt seit 1975 in München. Seit dem Jahr 2020 veröffentlicht er seine Lyrik in Online-Medien, Literaturzeitschriften und Anthologien. Preisträger beim Hildesheimer Literaturwettbewerb und 1. Preis beim Literaturwettbewerb „Kärnten wortwörtlich" im Jahr 2022. Lyrik aus den Jahren 2020 bis 2022 erschien in *zwischen die kriege geworfen*. philipp-letranger.weba-dor.de

Anita LIEBI (*1964) lebt in Sins (Schweiz), „in dem Haus, in dem ich aufgewachsen bin mit dieser helvetischen Lakonie". Schreibt Lyrik und Kurzprosa. Erste Gedichtveröffentlichung in der Anthologie zum Ulrich-Grasnick-Lyrikpreis 2022.

Ferenc LIEBIG (*1983) lebt seit seiner Geburt in Potsdam. Promovierter Chemiker. „Vor ein paar Jahren bin ich Vater geworden und schaue in meiner Freizeit meinem Kind beim Wachsen zu. Wenn es schläft, lese oder schreibe ich." Schreibt Kurzgeschichten (veröffentlichte 2014 *Und so viel bleibt unbeantwortet*, 2017 *Die Guten werden gehen* sowie 2020 *Miniaturen*) sowie Lyrik.

Franz LIEBIG (*1988 in Magdeburg). Am Cours Florent Paris studierte er Schauspiel, als Stipendiat in der „Classe Libre". Seitdem arbeitet er freischaffend als Schauspieler in Frankreich und Deutschland. Sein Schreiben impliziert „Identität, Grenzen, Herkunft"; er verweist auf Künstler wie Stephan Hermlin und Uwe Greßmann.

Roxane LLANQUE lebt und arbeitet in Berlin als Autorin, Drehbuchautorin und Regisseurin. Studium an der Freien Universität Berlin (Nord- und Lateinamerikastudien) und am Reed College in Portland (Musikwissenschaft). Schreibt, filmt und unterrichtet.

Ulrike Loos (*1966 in Leipzig) arbeitet im psychosozialen Bereich, ehrenamtlich in sozialen, historischen, musischen Vereinen. Veröffentlicht Gedichte in den deutschsprachigen Kinderzeitschriften *Schrumdirum* und in *Schrumdi* für russische Kinder. 2020 erschien in der Edition Hamouda *Kleines Traktat für Wolkenreisende* mit Illustrationen von Katja Enders-Plate.

Britta LÜBBERS (*1960 in Meppen/Emsland) Journalistin. Autorin. Gedichtveröffentlichungen in verschiedenen Zeitschriften und Anthologien, darunter *Jahrbuch der Lyrik*, *Das Gedicht*, *Der Maulkorb*, *Spiegelungen*, *Am Erker*. Preisträgerin des Rolf-Bossert-Gedächtnispreises 2021. Nominiert für den Feldkircher Lyrikpreis (Publikum) 2021. Shortlist Lyrikpreis Erostepost 2022.

Karin MACKE (*1963 in Wien) lebt in Perchtoldsdorf, Österreich. Lehramtsstudium Anglistik und Germanistik. Psychotherapeutin. Leitet Kreative Schreibworkshops. Freie Schriftstellerin und Performance-Künstlerin. Mitbegründerin der literarischen Performance-gruppe „grauenfruppe" und des Vereins „Sprachraum". Veröffentlichungen im In- und Ausland. Literaturpreise, darunter den Weissnet Literaturpreis 2021 und Forum Land Literaturpreis Prosa 2016.

Natascha MAIER (*1983) lebt und schreibt in Friedrichshafen am Bodensee. Sie studierte Kommunikationsdesign in Ravensburg. Ihre Texte erschienen in Anthologien und verschiedenen Zeitschriften, u. a. in *Mosaik* und im *Narr*. Mit *Erinnerungen auf der Zunge – Fragmente* liegt ihre erste Buchpublikation (re:sonar Verlag, 2023) vor.

Steffen MARCINIAK (*in Stralsund) lebt und arbeitet in Berlin. Studierte Kulturwissenschaften. Schriftsteller. Antiquar. Lektor. Moderator. Herausgeber, Verleger, darunter die Lyrik-Edition NEUN (seit 2021). Publikationen in Literaturzeitschriften und Anthologien. Einzelveröffentlichungen.

Patricia MATHES (*1994 in Mödling/Niederösterreich) Lehramtsstudium Französisch und Englisch. Über Jahre beruflich tätig in Frankreich und Wales. Lebt und arbeitet in Wien. Veröffentlichungen von Gedichten in Anthologien in Wales und Österreich.

Stephanie MEHNERT (*1979 in Hamburg) Gestalttherapeutin. Heilpraktikerin. Eigene psychotherapeutischen Praxis. Freie Autorin. Veröffentlicht in Anthologien und Literaturzeitschriften sowie auf Instagram. stephaniemehnert.de

Lukas MEISNER (*1993) schreibt Romane, Erzählungen, Gedichte. Studium der Philosophie, Komparatistik und Soziologie. Literarische Veröffentlichungen: *DysUtopia* (2017), *Das Buch der Wüste. Jede Seite eine Düne* (2019), *Erde im Himmel* (2021). Essayistisch auf dem tazBlog *Kriterium aktiv*. 1. Preis beim International Poetry Competition Castello di Duino, Trieste (2022).

Eline MENKE (*1956) lebt in Rheda-Wiedenbrück. Studium der Slawistik, Germanistik, Sozialwissenschaften. Autorin. Beiträge für das Street-Poetry-Projekt der Bielefelder Plakartive (2019) und das Projekt Literaturland Westfalen „Europa und der Stier", 2021. Preisträgerin beim Literaturpreis Harz 2020, Nominierungspreis beim Literaturwettbewerb der Gruppe 48 e. V. 2021, Preisträgerin beim Literaturwettbewerb Literaturpodium 2022 und beim Literaturwettbewerb der Bonner Buchmesse „Migration 2022".

David MENNEKES (*1993) studierte Psychologie in Heidelberg und Bonn. In seiner Abschlussarbeit untersuchte er die Zerrüttung des Bewusstseins in der Poetologie des späten Friedrich Hölderlin. Heute verfasst er Lyrik und ist Promovend der Philosophie an der Universität Bonn. Er wohnt mit seiner Freundin in Berlin.

Guillermo MILLÁN ARANA (*1991) ist in Madrid aufgewachsen. Hier besuchte er die Colegio Alemán Madrid und zog nach dem Abitur zum Studium nach Heidelberg. Seit 2017 lebt er in Essen, wo er an der hiesigen Universität unterrichtet und seine Dissertation zum spanischen Autor Pio Baroja verfasst. Die *Miniaturen* (2022) sind seine erste literarische Publikation.

Mark MONETHA (*1982) arbeitet als Lehrer an einer Gesamtschule. Veröffentlicht Gedichte und Kurzgeschichten in Anthologien: *Wassermänner* in *Am Erker 80. Gefangen* (2021) und das Gedicht *Im April* in *Die sentimentale Eiche No.3* (2022) sowie in Literaturzeitschriften. Mitglied des Schreibworkshops „text & tacheles!" Teilnehmer am Autorenstammtisch „LiteraturRaumDortmundRuhr".

Sofie MORIN (Pseudonym), (*1972 in Wien) lebt bei Heidelberg. Studienabschlüsse in Biologie und Philosophie. Schreibt Gedichte und Prosa, auch in Ko-Autorenschaft mit Ulrike Titelbach und Dorina Marlen Heller. 2022 erschien der gemeinsame Lyrikband mit Dorina Marlen Heller *Schwestern im Vers. Zwiesprachen zwischen morgen und Frausein* in der Edition Melos. Preisträgerin des Heidelberger Autor:innenpreises 2023 für ihren Essay *Am Badeteich der postmodernen Identitätspolitik*.

Nicola MÖßNER (*1976) Studium der Germanistik, Philosophie und Politologie. Promotion und Habilitation. Vertretungsprofessorin am Institut für Philosophie der Universität Stuttgart. Schreibt Lyrik und Kurzprosa. lit.stellarcom.org

Karl Johann MÜLLER (*1960 in Bludenz) lebt in Nüziders/Österreich. Verwaltungsangestellter. Theatergründer. Schauspieler. Autor von

Lyrik und Kurzprosa in Literaturzeitschriften und Anthologien. 2017 Hauptpreisträger des Hildesheimer Literaturwettbewerbs. 2020 Preisträger des Stefan-Hölscher-Geest-Verlag-Gedichtwettbewerb. www.freiestheater.net

Volker MÜLLER (*1952 in Plauen) Seit 1998 freier Journalist und Schriftsteller (u. a. *Freie Presse, Das Orchester, Ostthüringer Zeitung*). Gewinner des Vogtländischen Literaturpreises 2018. Feuilleton- und Essaybände. Prosa. Lyrik. Theaterstücke.

Kathrin NIEMELA (*1973 in Regensburg) BWL-Studium, spezialisiert auf Marketing und Branding. Lyrikerin. 2021 erschien der Gedichtband *wenn ich asche bin, lerne ich kanji* (parasitenpresse, Köln 2021). Für den Zyklus daraus *die süße unterm marmeladenschimmel* erhielt sie den Jurypreis des Irseer Pegasus 2021.

Alexander NITSCHE (*1972 in Cottbus) schreibt Gedichte in der Tradition des PoetrySlam. SlamPoet. PoetrySlamModerator. 2004 ausgezeichnet mit dem Nahbell-Lyrikpreis.

Svenja NORDHOLT (*1991 in Georgsmarienhütte) Theologin. Studierte Evangelische Theologie und Molekulare Biomedizin. Promoviert derzeit zum Themenfeld „Ansätze zu einer philosophischen Biologie".

Reinhard REICH (*1962 in München) studierte Germanistik und Slawistik. Nach seiner Tätigkeit als Journalist und Übersetzer aus dem Russischen arbeitet er heute als freier Autor und Literaturvermittler. Letzte Veröffentlichungen: *Fortsetzung der Stille mit anderen Mitteln. Gedichte* zusammen mit Ulf Großmann in *Signaturen* (Juli 2022) und *shamen*. Ein rosenkranz (kookbooks, 2022).

Peter REUL (*1952 in Gelsenkirchen) Studium der Germanistik und Philosophie. Von 1977 bis 2015 Lehrer an einem Gymnasium. Schreibt Lyrik und Prosa, darunter *Granit* in: Wunderwerk Text. Literaturwettbewerb 2019.

Şafak SARIÇIÇEK (*1992 in Istanbul) Studium der Rechtswissenschaften. Veröffentlichungen von Lyrik in Zeitschriften und Anthologien. Seit 2017 sechs Einzeltitel, darunter Im *Sandmoor ein Android. Gedichte*. (Quintus, 2021), *Wasserstätten. Gedichte* (Lyrik-Edition

NEUN, Bd. 23 Verlag der 9 Reiche, 2023). Zu den Würdigungen und Auszeichnungen gehören: Stipendiat des 25. Klagenfurter Literaturkurses im Rahmen des Ingeborg-Bachmann Preis 2022.

Barbara SCHILLING (*1978) Ausbildung zur Werbekauffrau. Studium der Literatur- und Kulturwissenschaft. Selbstständige Werbetexterin und Autorin. Schreibt Lyrik und Prosa. 2022 erschien ihr dritter Berlin-Roman *Meine Berliner Jugend* (Rosenheimer Verlagshaus).

Hannah SCHLECHT (*2001 in Regensburg) war nach ihrem Abitur 2019 bei zwei Theaterproduktionen in Mannheim und Regensburg als Regiehospitantin tätig. Sie studiert Theaterwissenschaft an der Universität Leipzig.

Gert SCHMIDT (*1943 in Görlitz) studierte in München und New York Soziologie, Politische Wissenschaft, Psychologie und Nationalökonomie. Hochschullehrer. Literarisch unterwegs nach Greiffenberg (heute: Gryfów Śląski) mit Halt bei Arno Schmidt. Eigenveröffentlichungen u. a. Arno Schmidt und das Automobil. Herausgeber von *Johannes Schmidt. Briefe an Arno Schmidt zwischen 1949 und 1969.* Schreibt Gedichte, veröffentlicht in Anthologien.

Dirk SCHMOLL (*1959 in Wiesbaden) Studium der Medizin. Psychiater. Autor, schreibt Lyrik und Prosa. Preisträger auf dem Kulturfestival art.experience 2014 und 2018 in Baden/Niederösterreich. Schreibt und veröffentlicht Lyrik und Prosa u. a. *Die Hansen-Melancholie. Ein Erzählzyklus* (Omnino-Verlag, 2019).

Mati SHEMOELOF (*1972 in Haifa) lebt in Berlin. Autor, Dichter, Herausgeber und Journalist. Promovierte an der Hebräischen Universität in Jerusalem. Schreibt und veröffentlicht mehrsprachig. In deutscher Sprache erschienen die Gedichtbände *Bagdad | Haifa | Berlin* (2019), *Bleiben oder widerstehen* (2020) und *Das kleine Boot in meiner Hand nenn ich Narbe* (2023). mati-s.com

Jan STECHPALM (*1966 in Köln) lebt seit 1994 als Arzt mit seiner Familie in der Schweiz. Gedichtbände: *Aus VersEhen* (2008), *Versiert serviert* (2014) und *Verwobene Welten* (2017), die Erzählung *Odyssee durch Russland* (2011, 2019 auf Englisch) sowie weitere Textbeiträge in Anthologien, Zeitschriften, Radio, Blogs.

Norbert STERNMUT (*1958 in Gerlingen) arbeitet als Diplom-Sozialpädagoge in Kunst- und Sozialprojekten. Schriftsteller, Maler, Bildender Künstler. Organisator und Moderator von „Sternmut Literatur Bunt". Einzelveröffentlichungen von Lyrik, Theater, Kurzprosa, Romane, darunter *Strahlensatz* (2018) und *Winterdienst* (Prosa und Gedichte, 2020). sternmut.de

Markus STREICHARDT (*1986) studierte Kultur und Technik sowie Angewandte Literaturwissenschaften. „Tagsüber arbeitet er als Kooperationsmanager und nachts füllt er einen Blog mit Prosaminiaturen". mrstrikehardt.tumblr.com

Gabriele STÜRMER-AULBACH (*1954) Ausbildung zur Bankkauffrau. „Wenn auch die Lyrik zeitweise etwas in den Hintergrund rücken musste, ist sie doch eine wichtige Konstante in meinem Leben." Veröffentlichungen im *MAIN ECHO*.

Sada SULTANI (*1989 in Masar-e Scharif/Afghanistan) ist „… eine Lyrikerin mit Lebensmittelpunkt Berlin". Auf Persisch (Farsi) veröffentlichte sie *Geliebte Ohringe* und *Dunkle Beziehungen*. Ihr erster deutscher Gedichtband *als wäre roter Nagellack mein Blut* erschien im März 2022 im KLAK Verlag.

Ana TCHEISHVILI (*1993 in Tiflis/Georgien) ist mit den Sprachen Georgisch und Russisch aufgewachsen. Studierte Psychologie in Tiflis und Leipzig. Autorin. Übersetzerin. Schreibt Lyrik und Prosa in georgischer, deutscher und englischer Sprache.

Kathrin THENHAUSEN (*2000 in München) studiert Informatik. Lyrikerin, auch Rap-Lyrics. Preisträgerin des Treffens junger Autoren 2021, des Literaturwettbewerbs zeilen-lauf 2022, des Signatur-Förderpreises 2022 und des 5. Vechtaer Jugendliteraturpreis.

Dirk TILSNER (*1966 in Luckenwalde) lebt in Parede, Portugal. Nach Abschluss seines Ingenieur-Studiums zog es ihn 1994 nach Lissabon, wo er bis heute lebt. Er schreibt vorrangig Lyrik, aber auch Kurzerzählungen. Auszeichnungen wie 1. Preis beim Lyrischen Lorbeer 2021 und 2. Platz im Wettbewerb 2021 „Das Poetische Stacheltier". Veröffentlichungen in Sammelbänden (u. a. 2019 *Vom Kinderreimer zum Lyrikstar – eine unausweichliche Entwicklung* und 2023 *Ukraine: blau und gelb: Gedichte Entwicklung), in* Anthologien, Literatur-Magazinen und auf LiteratPro.

Ulrike TITELBACH (*1971) lebt und arbeitet in Wien. Lehrbeauf-
tragte an der Universität Wien. Schreibt, veröffentlicht seit 2017
auch lyrische Texte und Kurzprosa. Für das universitäre Schreib-
projekt „mit poesie zur theorie" erhielt sie 2021 gemeinsam mit
Studierenden den Exil-Literaturpreis für Teams. Publikationen:
Fragile Umarmungen. Gedichte (mit Bildern von Evalie Wagner,
2021) sowie in *Litera[r]t | Zeitschrift für Literatur* (H. 14/2022): *Nacht-
schatten im Frauenhaarmoos. Phytopoetische Dialoge* (gemeinsam
mit Sofie Morin), *ACHTZIGER NIGHTMARE. kurzgedichte in zwei
klangfarben* (2023).

Mihai Daniel UDREA (*1987 in Hermannstadt, Rumänien) debütiert
im Alter von 16 Jahren mit dem Gedicht *Die Welt der Erwachsenen*.
Nach Arbeits- und Studienaufenthalten in Deutschland lebt er
wieder in Rumänien und studiert Evangelische Theologie an der
Lucian Blaga Universität Hermannstadt. Schreibt und veröffentlicht
Gedichte auf Deutsch und Rumänisch.

Jascha Ezra URBACH (*1980) lebt und arbeitet freiberuflich im
Management sowie ehrenamtlich in der Zentral- und Landesbiblio-
thek in Berlin. Autor von Lyrik und Kurzgeschichten, u. a. von *NEU-
START: Aus dem Leben eines Netzaktivisten* (2015).

Claudia VIBRANS (*1969) lebt, arbeitet und schreibt in Berlin. Ihre
Texte setzen sich mit Leben, Freundschaft, Liebe, Tod und auch
Alltäglichem auseinander. Preisträgerin 2022 beim Lyrikwettbewerb
ECHO der Aschaffenburger Buchmesse. Veröffentlichungen in Sam-
melbänden, Anthologien.

T. G. VÖMEL (*1961 in Göppingen) lebt als Verleger, Autor, Lehrer
und Vater von zwei Kindern in Berlin. Mitbegründer des vauvau-
verlags für interaktive lyrik. Zahlreiche Veröffentlichungen in Anthologien und Literaturzeitschriften. Einzelveröffentlichung 2023: *Licht-
fluren* (Lyrik Edition NEUN, Bd. 24, Verlag der 9 Reiche, Berlin).

Liza WANDERMALER (*1996 in Nischni Nowgorod) lebt seit 1999 in
Deutschland. Autorin. Übersetzerin. Schreibt Gedichte und Song-
texte, gründete 2022 die Musikband „Wandermaler". 2021 erschien
ihr erster Gedichtband *Apokalyptische Zärtlichkeiten*. 2022 zwei
weitere: *Ungefähre Scheintodküsse* und *Altbekannte Kieselwege*.
liza-kataeva.de

Thomas J. WEHLIM (*1966 in Witten) studierte Mathematik, derzeit lebt er in Leipzig. Schreibt Lyrik, Prosa (fünf Romane, ein Erzählband) sowie Theaterstücke. Preisträger beim Wettbewerb postpoetry.NRW 2021.

Franziska WITSCHI (*1973) arbeitet als Biologin und Autorin. Inhaberin von Büro Witschi (buerowitschi.ch). Lyrik- und Prosaprojekte, „bei denen es um eine Einbettung des Menschen in eine unkontrollierbare wilde Natur geht". Essays zu Spinnen, Käfern, Pilzen. 2018 Finalistin TREIBHAUS-Wettbewerb, 2023 Schreibstipendium Kanton Bern.

Werner WEIMAR-MAZUR (*1955 in Weimar) aufgewachsen in Karlsruhe, lebt in Waldkirch. Studium der Geologie. Schreibt seit 1970 und veröffentlicht seit 1995 Gedichte und Prosa. Veröffentlichte fünf Lyrikbände (u. a. *vivisektionen*, 2023 und *Heimwehe* in der Edition Offenes Feld). weimar-mazur.de

Gabriele YONAN (*1944 in Quedlinburg) Nach Aufenthalten in der Türkei, in Iran und Afghanistan Studium der Orientalistik, der Ethnologie und Religionswissenschaft an der Freien Universität Berlin. Wissenschaftliche Publikationen, Mitarbeit an TV-Dokumentationen. Gutachter- und Vortragstätigkeiten. Lyrikerin.

Christine ZUREICH (*1972 in Suffern, New York) studierte und arbeitete als Übersetzerin, Sprachtrainerin und Museumspädagogin. Sie lebt in Konstanz am Bodensee, schreibt Prosa, Lyrik und für die Bühne. 2018 debütierte sie mit dem Roman *Garten, Baby!* bei Ullstein. christinezureich.de

Inhalt

1. Auflage 2023
© Quintus-Verlag
Binzstraße 19, 13189 Berlin
www.quintus-verlag.de

Satz und Gestaltung: Ralph Gabriel, Berlin
Umschlagabbildung: Ulrich Stulpe, *Lyrikpreis-U. Grasnick*,
Digitale Grafik, 2023
Druck und Bindung: Finidr, s.r.o., Český Těšín

ISBN 978-3-96982-095-7